前田專學
Maeda Sengaku

インド思想入門

ヴェーダとウパニシャッド

春秋社

目次

II　ウパニシャッド

インド思想入門

ヴェーダとウパニシャッド

インド亜大陸

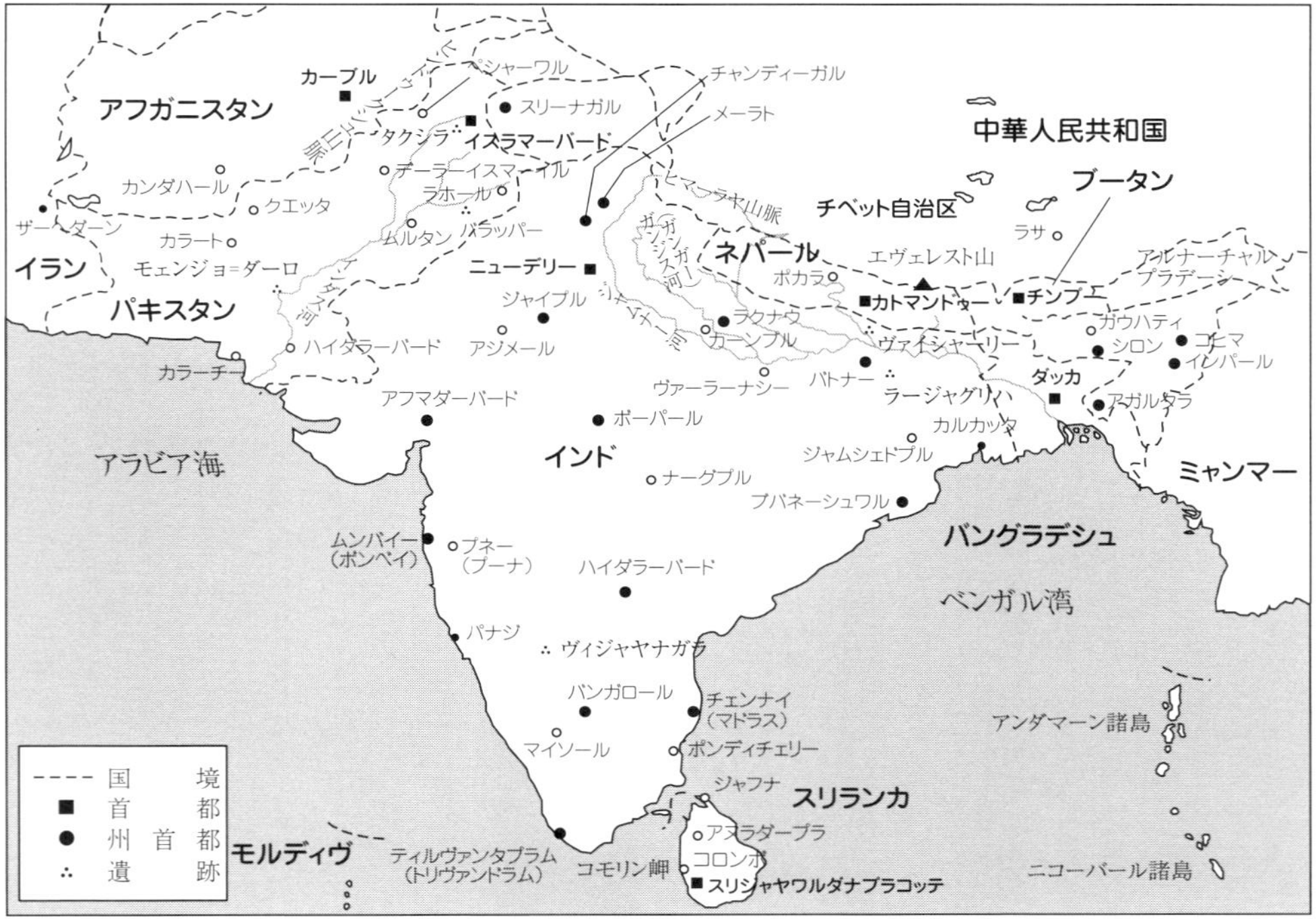
アフガニスタン
カーブル
ペシャーワル
スリーナガル
タクシラ
イスラマーバード
チャンディーガル
メーラト
中華人民共和国
カンダハール
クエッタ
デーラーイスマーイル
ラホール
ヒマラヤ山脈
チベット自治区
ブータン
ザーヘダーン
カラート
ムルタン
ハラッパー
ネパール
ラサ
イラン
モェンジョ＝ダーロ
ニューデリー
エヴェレスト山
アルナーチャル
プラデーシ
ポカラ
パキスタン
ジャイプル
カトマンドゥー
チンプー
ラクナウ
ガウハティ
コヒマ
ハイダラーバード
アジメール
カーンプル
ヴァイシャーリー
シロン
インパール
カラーチー
ヴァーラーナシー
パトナー
ダッカ
ラージャグリハ
アガルタラ
アフマダーバード
ボーパール
カルカッタ
アラビア海
インド
ジャムシェドプル
ミャンマー
ナーグプル
ブバネーシュワル
ムンバイー
（ボンベイ）
プネー
（プーナ）
バングラデシュ
ハイダラーバード
ベンガル湾
パナジ
ヴィジャヤナガラ
バンガロール
チェンナイ
（マドラス）
アンダマーン諸島
マイソール
ポンディチェリー
国境
首都
州首都
遺跡
ジャフナ
スリランカ
アヌラダープラ
モルディヴ
ティルヴァンタプラム
（トリヴァンドラム）
コモリン岬
コロンボ
スリジャヤワルダナプラコッテ
ニコーバール諸島

はじめに

インド

インドの人々は、英語で自分の国を呼ぶときには「インディア」といいますが、ヒンディー語では「バーラト」（Bhārat）と呼んでいます。バーラトは、「バーラタヴァルシャ」（Bhāratavarṣa）の略称で、これは古代インドの言語サンスクリット語で、「バラタ族の国土」を意味しています。インド政府発行の切手などでは、英語のIndiaと並べて、ヒンディー語を表記するのに用いるデーヴァナーガリーという文字でBhāratと書かれています。

バラタは、古代インドで勇名を馳せた伝説的な帝王であり、この王の子孫はバラタ族（バーラタ）と呼ばれました。インドの国民的大叙事詩『マハーバーラタ』[1]は、このバラタ族の領土にまつわる親族（クル族とパーンドゥ族）の間の紛争を題材にしたものです。バラタ王あるいはバラタ族の名にちなんで、古代からインド亜大陸はバーラタヴァルシャと呼ばれてきました。

「インディア」という呼称は、じつは現在のパキスタンを貫流しているインダス河に由来しているのです。インダス河は、サンスクリット語で「シンドゥ」（Sindhu）と呼ばれていますが、この名がペルシャ語に入ってsがhに変わって「ヒンドゥ」（Hindu）となり、さらにギリシャ語に入って「インドス」（Indos）となり、それから英語「インディア」などの西洋の近代の諸語となったのです。

インドとパキスタンは、一九四七年に分離独立しましたが、この「インディア」という呼称は、本来両国が地理的にも歴史的にも不可分離の関係にあることを示唆しています。インドとパキスタンの今日の不幸な関係の最大原因の一つは、不可分離の関係にあるにもかかわらず、独立の父マハートマ・ガーンディーの意に反して、多数の犠牲者を出してまでも、政治力学によって無理矢理に分離させられたところにあるように思います。

本書で用いる「インド」は、分離独立以前のインドを意味し、現在のインドのみならず、パキスタン・イスラム共和国、バングラデシュ人民共和国、ネパール連邦民主共和国、スリランカ民主社会主義共和国などを含む南アジアと呼ばれる地域を指しています。

仏教誕生の地、インド

インドと日本の関係をめぐって最も大きな出来事は、いうまでもなく日本が六世紀に、中国・朝鮮経由で仏教を導入したことです。これがいかに大きな影響を日本と日本人に与えたかは計り知れないものがあります。

近代以前の日本人にとっては、日本は「辺土《へんど》」、すなわちほんの片田舎にすぎず、インドは仏教の開祖ゴータマ・ブッダの生誕の地であり、「天竺《てんじく》」としてまさしく憧れの地でした。しかし、何度もインド行きを計画しながら果たし得なかった華厳宗《けごんしゅう》の明恵上人《みょうえしょうにん》(2)に見られるように、実際にインドに行くことは不可能な難事でした。皮肉なことに、おそらく最初にインドの土地を踏んだのは、天竺行きを切望していた仏教徒ではなく、一五八二年にローマに向かい、教皇グレゴリウス一三世に謁見した、伊東満所《いとうまんしょ》（Mancio）を首席とするキリシタンの天正道欧少年使節でした。かれらは往路の一五八三年と帰路の一五八七年に、ポルトガルのアジアにおける交易とキリスト教伝道の根拠地であったインド西部のゴアを訪れたのでした。

他方、インドの方では日本のことはまったく知られていなかったようです。しかしインドからは、日本にやって来た仏教僧がいたのです。伝説上はさておき、実質的に日本の宗教・文化に貢献した最初のインド僧はボーディセーナ（Bodhisena 菩提僊那《ぼだいせんな》 七〇四〜七六〇）でした。かれは、たまたま中国の唐に滞在中、入唐大使の多治比《たじひ》 眞人広成《のまさとひろなり》の要請によって、言葉も通ぜず、インド人は一人もいない辺境の地である日本に敢然とやって来ることにしたのでした。かれはベトナム（林邑、古名Champa）僧の仏哲《ぶってつ》および唐僧の道璿《どうせん》（七〇二〜七六〇）とともに、七三六（天平八）年五月一八日大宰府に着きました。そのとき仏教の民間布教と社会事業に尽力したことで有名な行基《ぎょうき》の出迎えを受け、奈良の都に入りました。七五一（天平勝宝三）年、天皇から大僧正《だいそうじょう》に任ぜられました。翌年には、奈良の東大寺の大仏の開眼供養《かいげんくよう》に際して導師を務めました。かれは来日後二五年間大安寺にとどまり、七六〇（天平宝字四）年に死去し、かれの遺言によってその遺骨は奈良の大本山 霊山寺《りょうぜんじ》(3)（奈良市中町）に葬られました。

ボーディセーナと一緒に来日した仏哲は音楽に通達しており、大仏開眼の折りには大楽師を務めました。現在宮中に残っている舞楽の中で八つは仏哲がはじめて教えたものであり、「林邑八楽」といわれています。

近代の交流

近代になって来日した、注目すべきインド人は、卓越した宗教家ヴィヴェーカーナンダ[4]（Vivekānanda 一八六三〜一九〇二）でした。かれは近代インドが生んだ宗教的天才ラーマクリシュナ（Rāmakrishna 一八三六〜一八八六）と出会い、その高潔な人格に打たれて出家しました。一八九三年にシカゴで世界宗教会議が開かれたとき、かれはヒンドゥー教の代表者として出席しました。そのときかれが行った演説が非常な感動を人々に与え、一躍世界的な名声を博しました。かれは一八九二年に、アメリカに行く途中で日本に立ち寄り、日本の美しさとその活力に感銘を受けたのでした。かれは帰国後、一八九七年に、師ラーマクリシュナの教えを社会活動の上に実践するために、ラーマクリシュナ・ミッションを創設しました。日本には、その支部が逗子にあり、活動を行っています。

このヴィヴェーカーナンダの精神に共鳴したのは、明治における日本美術復興運動の指導者で、日本文化を世界に紹介した岡倉天心（一八六二〜一九一三）でした。かれは一九〇一年にマドラスに到着し、翌年、カルカッタ近郊のベルールに赴き、ヴィヴェーカーナンダと胸襟を開いて会談し、大いに共鳴するところがありました。

天心は、インド滞在中、今一人傑出したインド人に出会っています。それは、近代ベンガル最大の文学者で、当時四一歳のラビンドラナート・タゴール[5]（Rabīndranāth Tagore 一八六一〜一九四一）でした。天心はそのとき四〇歳で、タゴールから厚遇を受け、互いに深く相語らって、意気投合したといわれています。

タゴールは、周知のように、一九一三年にアジア人としてはじめてノーベル文学賞を受賞し、その後東西文化の融合、思想の交流に着目して、世界各国を歴訪し、一九一六年、アメリカに行く途中、神戸港に上陸、日本に第一歩を印しました。この後四回にわたって来日することになります。その間、東京帝国大学などで講演をいたしました。当時の日本人は、タゴールが、アジア人ではじめてノーベル文学賞の栄誉に輝いたことに対して熱狂的な喝采を送ったのでした。しかしタゴールが、日本に来て、反ナショナリズムの立場から、日本の軍国主義を批判したり、日本の朝鮮支配を非難したり、日本が西洋文明を模倣するのを警告したりしたために快く受け入れられなかった、といわれています。日仏教国でありながらも、日に日に帝国主義化・軍国主義化の傾向を強める大正・昭和時代の日本に対して、タゴールは強い怒りを覚えていたのではないでしょうか。

日本の中のインド

日本に対する中国の影響の大きさは、漢字一つとっても歴然としています。それに反して日本に対するインドの影響は、よほど注意深く見ない限り、なかなか見えてこないように思われます。しかし少し注意深く見てみると、日本の中にインドがあることに気づくことになります。

二三歳の青年のときに来日し、六一歳になるまでのほぼ四〇年間を日本で過ごした有名なチェンバレン(6)(B. H. Chamberlain 一八五〇〜一九三五)は、「或る意味では、日本は、すべてのものがインドのお陰を受けているといってもよい」(チェンバレン(高梨健吉訳)『日本事物誌Ⅰ(東洋文庫一三一)』平凡社、一九八七、三〇六〜三〇八頁)とまで言っています。このかれの言葉は、当時と比べて格段の近代化・西洋化が進んだ今日の日本には必ずしもあてはまりませんが、かれはいろいろな実例を挙げています。例えば、日本語の字音表の配列、幾つかのお伽噺、学問的な言葉の多くのもの、日常使う普通の言葉を挙げています。

日常使う普通の言葉の実例として挙げているのは、あばた（疱瘡の痕）、あか（舟からくみ出す水）、ばか（馬鹿）、荼毘《だび》（火葬）、旦那（主人）、はち（鉢）、かわら（瓦）、せんだん（栴檀、白檀）、伽藍《がらん》（寺の建物）、沙門《しゃもん》（僧侶）、袈裟《けさ》（法衣）、舎利《しゃり》（遺骨）などです。確かにこれらの言葉は、すべてインドのサンスクリットの言葉の発音を写した言葉（音写語）なのです。このようなインド起源の日本語はたくさんあります。

しかもそれは単に言葉の領域にとどまらず、精神・宗教・思想の領域においても、同じことが指摘できると思います。しかも単に仏教の影響にとどまらず、と申しましても、仏教を介してではありますが、バラモン教あるいはヒンドゥー教の影響をいろいろ指摘することもできます。このことは本書の中で随時指摘することにしたいと思います。

（1）『マハーバーラタ』　実際に前一〇世紀ころに現在のデリー近郊で起こったと思われるバラタ族の親族間の領土にまつわる戦いの物語を中核として、神話伝説、名君の事績および宗教、哲学、道徳などに関する多くの挿話を収める一大叙事詩。一八巻一〇万詩節よりなり、古今東西、類を見ない長編であり、紀元四、五世紀に現形に近いものにまとめられたと考えられている。『マハーバーラタ』の一部である『バガヴァッド・ギーター』は、戦いに際し、敵軍中に親族が居並ぶのを見て戦意を喪失した王子アルジュナに対し、クリシュナが説いた教えである。すなわち事の成否、報酬の有無を顧みず、私心を去って結果を神に委ね、本務に邁進することこそ解脱への道であると説いた。この聖典はヒンドゥー教のバイブルともいわれ、ガーンディーの思想形成に大きな影響を与えたといわれている。

(2)明恵　一一七三〜一二三二年。鎌倉時代の華厳宗中興の祖。一六歳のとき高尾山神護寺《じんごじ》で出家、東大寺で具足戒を受け、華厳宗の興隆を志す。三〇歳ごろに二回インドへの渡航を計画したが、春日《かすが》明神の神託や自身の病気のために実行に至らなかった。その後、栂尾《とがのお》山に高山寺《こうざんじ》を開創、華厳宗の中心道場とした。戒律を重んじ、専修念仏《せんじゅねんぶつ》を説く法然《ほうねん》を厳しく批判したことはよく知られている。

(3)霊山寺　七三四（天平六）年に、聖武《しょうむ》天皇の勅命によって行基とボーディセーナによって創建された寺院。その場所がかつて釈尊がしばしば法を説いたインドの古都王舎城の東南にある霊鷲山《りょうじゅせん》に似ているというので、そう名付けられた。

(4)ラーマクリシュナ　一八三六〜一八八六年。カーリー女神を大変崇拝し、幼いころから神秘体験による昏睡状態をしばしば体験。遊行者《ゆぎょうしゃ》となり、ヒンドゥーの神々のみならず仏教、イスラム教、キリスト教をも実践し神との合一を体験した。こうしてあらゆる宗教が真理に通じ一体であると説いた。学問も著作もなかったが、優しく謙虚な人柄で、人々を感化した。

(5)ラビンドラナート・タゴール　一八六一〜一九四一年。詩人・作家であるとともに教育者・思想家。ベンガルの教養の高い家庭に生まれ育ち、一九一三年、詩集『ギータンジャリ』によって、アジア人としてはじめてノーベル文学賞を受賞。寡婦の再婚を認めカースト制度と幼児婚を否定するブラフマ協会に属し、インドの近代化を促した。一九二一年にはヴィシュヴァバーラティ大学を創立し、世界同胞愛と東西文化交流の理想の実現に尽力した。

(6)チェンバレン　一八五〇〜一九三五年。イギリスの日本学者。一八七三（明治六）年に来日、東京大学で言語学の教鞭をとり、日本語・日本文化を研究した。一九〇一（明治四四）年離日。著書に『日本事物誌』『英訳古事記』『日本口語文典』など。

I ◆ ヴェーダ

第一章❖ヴェーダとは何か

インド哲学

本書でいう「インド哲学」という言葉は、インドで成立・発展した哲学・宗教思想の総称です。本来は、インドへ移入されてインド的展開を遂げたイスラム教などの外来の哲学・宗教思想も含めるべきかも知れません。しかし外来の哲学・宗教思想は、ここでいうインド哲学の源流とは無関係ですので含めないことにしたいと思います。また、日本では明治時代から漢字の「印度哲学」という呼称が用いられ、ほとんど「仏教学」の同義語として使われてきています。しかしここでいう「インド哲学」は、インドの仏教を数多くの哲学諸体系の一つとして含んでおり、一九四七年に分割される以前の、すなわち今日の南アジアで成立・発展した哲学・宗教思想の総称です。その哲学・宗教思想の源流をさぐるのが、本書の目的としているところなのです。

インド哲学の歴史の幕開け

一九二〇年にインダス河の流域において本格的な発掘が開始されました。その結果、紀元前二三〇〇～一八〇〇年を中心に、現在はパキスタン領内のモェンジョ゠ダーロとハラッパーを二大中心地として、高度に発達した都市文明が栄えていたことが明らかとなりました。最近は、インド西部のグジャラート州のドーラーヴィラー遺跡が注目されています。これは、日本では、縄文文化が栄えていたころに当たるように思われます。

インダス文明はシュメール文明[1]と類似している点もありますが、最近はインダス文明で使われていた文字の言語の研究が進められ、その言語は現在、主として南インドに居住するドラヴィダ民族の祖先が使用したプロト・ドラヴィダ語であるという説が有力になってまいりました。しかし、いまだそれを解読するには至っておらず、インダス文明の思想や宗教について確実なことは何も知ることができないのが現状です。

この文明の終末とほぼ同じころに、インド・アーリヤ人がヒンドゥークシュ山脈を越えて西北インドに進入し、色のやや黒く、鼻の低い先住民を征服して、この文明の遺跡の近く、パンジャーブ（五河）地方に定着し、紀元前一二〇〇年ころを中心に『リグ・ヴェーダ』というインド最古の文献を編纂しました。これがインド哲学史の幕開けです。

インド・アーリヤ人

では、その『リグ・ヴェーダ』を編纂したインド・アーリヤ人とは一体どのような民族でしょうか、そしてどのような言葉を語っていたのでしょうか。

世界中には多数の言語がありますが、親縁関係にある言葉は語族、すなわちいわば言葉の家族にまとめられ、セム語族、フィン・ウゴール語族、ウラル語族、などといわれています。そのような語族の中で、インド・ヨーロッパ（印欧）語族は、きわめて有力で、この言葉の示すように、アジアに位置するインドからヨーロッパに及ぶほぼ全域に分布しています。インドでいえば、現在の北インド一帯で語られているヒンディー語、ウルドゥー語、ベンガーリー語──興味深いことには、ロマ族の用いるロマニー語もインド起源といわれています──などはもちろん、ヨーロッパについていえば、フィンランド、ハンガリーの両語を中心とするフィン・ウゴール語とバスク語を除く、英語・ドイツ語・フランス語をはじめとするすべてのヨーロッパの言語は、この語族に属しています。一九七五年の統計によると、世界の人口の約半数が、このインド・ヨーロッパ語族の言葉を話しているそうです（風間喜代三『印欧語の故郷を探る』岩波新書、一九九三年、一一～一四頁）。

さて、これらの多数の言語は、おそらくその源となる共通の言語、すなわち原インド・ヨーロッパ語ともいうべき言葉をもっていたはずです。そしてまたその原インド・ヨーロッパ語を話していた人々が世界のどこかに住んでいたはずです。そこはどこであったのかという問題は、一九世紀半ばすぎころから学界の興味深い課題になってきています。

しかしまだ定説はありませんが、近年、カスピ海の北、コーカサス山脈の北方地帯に住んでいた遊牧民であるとする説が比較的有力です。かれらはある時期に、何らかの理由で原住地を出て、移住を開始し、一部は南西に向かってヨーロッパの諸民族となったのです。そればかりではなく他の一部は南東に向かって進んで、アジアに入りました。かれらはインド・イラン人と呼ばれ、半ば遊牧、半ば農耕の生活を営んでいたと推定されています。かれらはその後、再び移動を開始し、その一部は途中で西進し、メソポタミヤ地方に移住して、紀元前一七〇〇～一四〇〇年ころ、ミタンニ王国を築き、さらに他の一部はイランに入って定住し、アーリヤ系のイラン人となり、ゾロアスター教の聖典である『アヴェスター』を編纂しました。

　インド・イラン人の一部は分かれて、現在のパキスタンとアフガニスタンを走るヒンドゥークシュ山脈を越えて、紀元前一五〇〇年ころ、インドに進入しました。かれらがインド・アーリヤ人といわれています。(2)

ヴェーダの構成とウパニシャッド

　さて、ヴェーダは、このようにしてインド・アーリヤ人が編纂したインド最古の『リグ・ヴェーダ』をはじめとする、バラモン教の聖典群の総称です。「ヴェーダ」は「知る」を意味するサンスクリット語の動詞の語根から造られた名詞で、本来は「知識」、とくに「宗教的知識」を意味し、それが転じてその知識を収録している聖典の総称となった言葉です。ヴェーダは、本質的に宗教文献であり、初めから祭式との関連において発達したもので、その祭式を協同して執り行う祭官の四つの異なる職分に応じて、次の四種に区別されております。

(1)『リグ・ヴェーダ』――神々を祭場に招き、讃歌によって神々を讃えるホートリ祭官に所属し、そのための讃歌を集めたものです。

(2)『サーマ・ヴェーダ』――歌詞を一定の旋律にのせて歌うウドガートリ祭官に所属し、その歌詞の大部分は『リグ・ヴェーダ』に含まれています。
(3)『ヤジュル・ヴェーダ』――祭祀の実務を行い、供物を調理して神々に捧げるアドヴァリウ祭官に所属し、その実務を行う際に唱える祭詞を集めたものです。これには、『黒ヤジュル・ヴェーダ』と『白ヤジュル・ヴェーダ』の二種類があります。
(4)『アタルヴァ・ヴェーダ』――祭式全般を総監するブラフマン祭官に所属し、幸福を願ったり、他人を呪ったりするための呪詞を集めたものです。
以上の四種のヴェーダのうち最初の三種のヴェーダは、『アタルヴァ・ヴェーダ』に比して成立も古く、古来「三ヴェーダ」と呼ばれ、絶対的な権威が与えられていました。

『アタルヴァ・ヴェーダ』は、それらとは性格を異にし、本来呪法に関するもので、遅れて第四のヴェーダの地位を与えられ、「四ヴェーダ」と呼ばれるようになりました。

これらの四つのヴェーダのおのおのは、次の四つの部分から構成されています。
(1)本集――ヴェーダの最も中心的な部分で、マントラすなわち讃歌・歌詞・祭詞・呪詞を集めた部分。
(2)ブラーフマナ(祭儀書)――本集に付された散文で書かれた文献で、祭式の仕方を規定し、祭式の神学的説明をしている部分。およそ紀元前八〇〇年ころを中心に成立。
(3)アーラニヤカ(森林書)――人里離れた森林の中で教えられるべき秘義や祭式の説明を集めた部分。内容的には、ブラーフマナとウパニシャッドの中間に位置し、祭式の説明に加えて、より進んだ哲学的な思弁の跡を示しています。

（4）ウパニシャッド（奥義書）――当時の秘説を集めた哲学的部分。ヴェーダの最後の部分に位置するために「ヴェーダーンタ」（ヴェーダの終結部〈アンタ〉）とも呼ばれます。サンスクリット語の「アンタ」は、「終わり」を意味すると同時に「趣旨」をも意味するので、全ヴェーダの趣旨を述べたものと見なされ、「ヴェーダの極致」と解されるようになりました。およそ紀元前五〇〇年ころを中心に成立。インド哲学の源泉はここにあると考えられています。

四種のヴェーダは、おのおのこのように（1）から（4）までの部分をもっていますが、例えば『リグ・ヴェーダ』といいますと、通例は、その中心をなす『リグ・ヴェーダ』の「本集」の部分のみを意味します。本書で扱うのは、主として『リグ・ヴェーダ』本集とウパニシャッド、それに若干『アタルヴァ・ヴェーダ』とブラーフマナに触れることにしたいと思います。

古来ヴェーダは、大変に神聖視されて、人間の著作とは考えられず、いにしえの聖仙（リシ）によって、その神秘的な霊感を通じて、「聞かれた」（シュルタ）ものとされ、「天啓聖典」（シュルティ）と呼ばれています。ヴェーダは、神々よりも偉大であるとされています。なぜなら、神々は滅びても、ヴェーダは残ると信じられているからです。

ヴェーダは口伝によってのみ伝承されてきました。後代になって文字が一般に使用されるようになっても、バラモンたちは文字に記すことを望まず、師から弟子へと口から伝え、奴婢階級のものなどヴェーダ学習の資格のない人々に漏れないようにしたのでした。かれらは驚くべきほど正確に、正しく一言一句も間違うことなく暗記しており、紀元数世紀になって、やっとヴェーダが文字に書き記されることになったのでした。それにもかかわらず、今日現存しているものは、かつて存在した大文献群の一部にすぎませんが、膨大な数と量です。

「天啓聖典」は、いにしえの聖仙によって著された「古伝書」(スムリティ)とは区別されています。古伝書は、六種の補助学文献、インドの国民的二大叙事詩『マハーバーラタ』と『ラーマーヤナ』[3]『マヌ法典』[4]などを含んでいます。

ヨーロッパ人とヴェーダ

インドに関する知識は、紀元前からいろいろな形でヨーロッパに伝わっていました。しかしヴェーダの存在が報告されるようになったのは、一七世紀に入ってからで、四ヴェーダの名前をはじめて列挙したのは、オランダ人のアブラハム・ロゲリウス(Abraham Rogerius)であったといわれています。しかし初期の報告はきわめて不正確なものが多く、本当にヴェーダと称する文献が存在するかどうか、疑問を呈する研究者もあったほどでした。

しかし一九世紀に至って、ヴェーダの写本から得られた信用できる内容の知識が学会に報告されるようになり、一九世紀の後半には、マックス・ミュラー[5]によって、『リグ・ヴェーダ』が、サーヤナの注釈とともに出版され(一八九〇~一八九二)、ヴェーダを研究対象とする「ヴェーダ学」がその最盛期を迎えることになりました。

ヴェーダ学は、学問的にはきわめて難しい領域に属し、開始されてからまだ一世紀にすぎない比較的若い学問領域ではありますが、主としてヨーロッパの研究者によるヴェーダに関する文献学的研究は、まことに膨大な数と量のものが発表されております。ヨーロッパの研究者たちが、非常な情熱をヴェーダ研究に注いだのには理由があるように思います。それは先に述べましたように、かれらは遠く離れた縁もゆかりもないと思われる東洋のインド人と同じ人種に属し、同じ語族に属する言語を使用していることに驚異を感じたのでした。そして自分たちの祖先の言語や文化を知り、自分たちの文明のルーツを解明したいという熱情が、かれらを突き動かしたのでした。これは日本人のインド研究の動機が、自分たちの宗教である仏教のルーツに迫りたいというところにあったのと似ております。

(1)シュメール文明　紀元前三〇〇〇年ごろ、メソポタミヤ南部チグリス・ユーフラテス河の下流域で起こった世界最古の文明。シュメール人は楔形文字、法典などを作ったことが知られている。

(2)ゾロアスター教　ゾロアスター（ペルシャ語でザラスシュトラ）を開祖とする宗教。聖典『アヴェスター』によると、この世界は、善神と悪神との闘争であり、人間も神々もどちらか一方を選ばねばならなかったが、神々すらも悪を選んだためにこの世を害なうようになった。そこで主アフラ・マズダが、人類救済のため現れたのである。アフラ・マズダに従い真実を選ぶならば、この世のみならず終末においても救済される。ササン朝ペルシャはこれを国教としたが、八世紀イスラム教徒の支配によって多くの教徒がインドに逃れた。かれらは現在までムンバイーを中心に信仰と伝統を保持し続けており、パールシーと呼ばれている。

(3)『ラーマーヤナ』　ラーマ王の物語の意。七巻よりなり、『マハーバーラタ』の約四分の一の量。東インドに伝わった悲劇の王子ラーマの物語をインド最初の詩人ヴァールミーキが詩的に洗練して伝えたといわれ、成立は二世紀末とされる。コーサラ国の王子ラーマが猿の英雄たちと協力して魔王と戦い、誘拐された妻を奪回する物語。ラーマはヒンドゥー教の理想的人格として描かれ、後にヴィシュヌ神の化身として崇められている。

(4)『マヌ法典』　マヌは人類の祖の意。バラモン教徒の規範として紀元前二〇〇〜後一〇〇年に成立したと考えられている。長い間インド人の生活規範となり、イギリス支配下における司法裁判に基準を与え、東南アジアの諸法典の基礎ともなった。一二章からなり、諸儀礼や行事、カーストなどを定めている。
（5）マックス・ミュラー　一八二三〜一九〇〇年。イギリス（ドイツ生まれ）の東洋学者・言語学者。ベルリン、パリで学んだ後、イギリスに渡り、『リグ・ヴェーダ』のテキストをサーヤナの注釈を添えて刊行。オクスフォード大学の教授となり、印欧比較言語学、比較宗教学の研究に貢献した。また、『東方聖典叢書』を刊行し、古代東洋文化研究の基礎を築いた。

第二章 バラモン教の思想

『リグ・ヴェーダ』の宗教

『リグ・ヴェーダ』の宗教は、本質的には多神教ですが、神々はしばしば同じ卓越した属性・呼称をもち、そのために個性に乏しいという特徴があります。多くの神々は、自然界の構成要素や自然現象、あるいはそれらの根源にあると考えられた支配力などを神格化した自然神であることは明白です。天地両神ディヤーヴァー・プリティヴィー、太陽神スーリヤ、暁紅神ウシャス、暴風神ルドラ、風神ヴァーユ、火神アグニなどはその例です。

しかし擬人化が進み、神話が発達するにつれて、自然との関係が薄れ、神々の起源が不分明となっているものもあります。後に触れる司法神ヴァルナや武勇神インドラなどがその好例です。

他方、祭祀が重要視されるにつれて、自然現象のほかに、酒神ソーマのように、祭祀の諸要素も神格化されました。また工芸神トヴァシュトリなどのような、特殊な活動や職能を代表する神々や、信念（シュラッダー）、ことば（ヴァーチュ）、契約（ミトラ）などのような抽象観念を神格化した神々も見出せます。女神は、後世のヒンドゥー教で重要となりますが、『リグ・ヴェーダ』においては、暁紅神ウシャスを除けば、その地位は低いのです。

神と人間との関係は相互依存的で、人間は神の威力が減退しないように供物を捧げて神を力づけねばならないし、神は神を喜ばす人々に恩恵を与えます。主要な神々の間には上下の別がなく、最高神をもたないという『リグ・ヴェーダ』の宗教の性格は、当時のアーリヤ人の各部族がそれぞれ独立していた社会的・政治的現実を反映しているように思われます。

多神教の世界に満足し得なくなった詩人たちは、多数の神々は、実は唯一の神がさまざまな形をとって現れたものであり、その唯一の神の異なった名称にすぎないという思想を表明するに至りました。また詩人の中には、神々の存在そのものについて疑問を抱く者も現れました。これらの懐疑論者は、神々をも超越した、より根源的な唯一絶対の根本原理の探究に向かいました。ここに後世インド思想の主流を形成する一神教的、あるいは一元論的思想の萌芽を見ることができます。

やがて最高神や根本原理の探究は、宇宙の創造を説明しようとする宇宙開闢論の発達を促し、宇宙の創造を組織的に説明しようとする若干の哲学讃歌が見られます。また人間の肉体は、死とともに滅びますが、その霊魂は不滅であると信じられ、霊魂は「アス」(asu 生気)あるいは「マナス」(manas 意、思考)といわれています。後世、「プラーナ」(prāṇa 気息)、「アートマン」(ātman 自我)などの言葉で表され、ことにアートマンはウパニシャッドの哲学思想の中心的概念となります。

バラモン教の中心思想

早くも『リグ・ヴェーダ』の時代以来、多数の神々を崇拝する多神教の世界に満足できなくなった人々の中から、この宇宙を今日このようにあらしめている、神々をも超越した、より根源的な唯一絶対の宇宙の根本原理を追究する哲人たちが出てきました。かれらの幾世紀にもわたる執拗な哲学的思索の努力は、ヴェーダの終結部を飾るウパニシャッドとして結実いたしました。このウパニシャッドに見られ、かつ後代のインド思想と仏教との関係上重要な思想は以下の通りです。

梵我一如の思想

ウパニシャッドの哲人たちの最大の関心事は、もはやかつての祭式ではなくなりました。宇宙の根本原理は何か、常住不変の一元的原理は何か、という問題でした。その問題の探究の結果到達された諸原理のうち最も重要なものは、宇宙の根本原理ブラフマン（Brahman 梵《ぼん》）と、個人存在の本体であるアートマン（Ātman 我《が》、自我、自己）でした。このアートマンは、われわれが日常生活において経験するような自我ではありません。われわれの感覚器官によって、見たり、聞いたり、言葉で表現したりすることができない、主観客観の二元対立を超越した、決して客体化されることのない存在です。したがってアートマンを、目の前にある本や机などのように、認識対象として認識したり、日常の言語によって表現したりすることは不可能です。

ウパニシャッドの哲人たちは、両原理を発見したばかりではなく、さらに進んでアートマンはブラフマンであるという、梵《ぼん》我《が》一如《いちにょ》の思想を説くに至りました。このブラフマンとアートマンの同一説がウパニシャッドの中心的な思想であると一般に考えられています。この思想はその後も発展を続け、インド最大の哲学者といわれるシャンカラ[1]（七〇〇ころ～七五〇ころ）によって、インド思想の主流をなすに至り、今日に及んでおります。

　このアートマンは、インド哲学の最も重要な問題の一つと考えられ、バラモン系統の諸哲学学派ではその存在が認められています。他方、仏教は、その初期のころには、アートマンが存在するかしないかという問題について判断を中止する――これを仏教では無記《むき》といっています――態度をとっていましたが、やがてその存在を強く否定する無我説《むがせつ》の立場をとるに至り、アートマンの問題をめぐって両者は真っ向から対立することになりました。

業・輪廻・解脱

　ウパニシャッドの思想の中で、今一つ重要な点は、祭式を行うことによって天国に生まれるということではなくて、業《ごう》にもとづく輪廻《りんね》から解脱《げだつ》することが、人生の究極の目標とされたことです。かつての理想郷である天国もまた輪廻の生存の一つと見なされるようになりました。

　業は行為を意味するサンスクリット語「カルマン」（karman）の訳語です。いかなる行為も、行為をした直後に消滅するのではなく、潜在的に業として蓄積され、死後の人間の運命を決定します。また、人間は死後、虚無に帰するのではなくて、あの世に赴いた後、再びこの世に生まれかわり、しかもこの生と死の循環は無限に繰り返されます。これが輪廻です。

　他方、ウパニシャッドの哲人たちは、善業と悪業のような二元対立を超えたところに、また、宇宙の根本原理ブラフマンを知り、ブラフマンそのものに帰入するところに、理想的境地を見出しました。

そのような境地はさまざまに表現されていますが、やがて解脱（mokṣa　悟り）と呼ばれるようになりました。解脱の状態は、あらゆる束縛を離れ、いかなる業ももはや無力であり、生死・輪廻を超越した境地です。このような絶対の境地は、ブラフマンとアートマンの本質を悟り、梵我一如の真理を直観して、このブラフマンと合一することにほかなりません。解脱を達成するためには感覚器官を制御し、欲望を捨て、瞑想（ヨーガ）によって精神を統一し、ブラフマン・アートマンに精神を集中することをすすめています。

業・輪廻・解脱の思想は、紀元前六～五世紀には、急速に人々の間に広まりました。この思想は、インドで成立・発展したバラモン教やヒンドゥー教はもちろんのこと、バラモンからは異端視される仏教やジャイナ教[2]の思想の根底にもなっています。インドで成立・発展した思想・文化のどこを切っても、あたかも金太郎飴のように、業・輪廻・解脱の顔が出てまいります。業・輪廻・解脱の思想がインドのみならず、仏教によって伝えられて、アジアの思想・宗教・文化に及ぼした影響は計り知れないものがあります。日本人の精神史にも深く刻み込まれていることは周知の事実です。

バラモン教とヒンドゥー教

「バラモン教」という言葉も「ヒンドゥー教」という言葉もともによく使われます。しかし、この二つの言葉は、よく用いられますけれども、曖昧な言葉で、両者はまったく別のものというわけではなく、はっきりと定義づけることは大変に困難であることをあらかじめお断りしておきたいと思います。

バラモン教につきましては、この先でもお話しいたしますので、ここでは最小限にとどめたいと思います。「バラモン教」というのは、古代インドにおいて、仏教興起以前に、バラモン階級を中心に、ヴェーダにもとづいて発達した宗教を指しています。これは、いわゆるヒンドゥー教と区別するために西洋の学者が与えた人為的な呼称「ブラフマニズム」(Brahmanism)の訳語です。大ざっぱにいってヴェーダの宗教とお考えいただいてよろしいかと思います。

紀元前三〜二世紀ころのインドにおいては、紀元前六〜五世紀ころに起こった歴史的・社会的大変動の結果、ヴェーダ文化の枠組みが崩壊してバラモン教が衰退し、代わって仏教がインドの宗教・思想界の主流をなしていました。主流の座を仏教に譲ったバラモン教は、土着の非アーリヤ的民間信仰・習俗などの諸要素を吸収し、大きく変貌をとげ、いわゆるヒンドゥー教が成立するに至りました。

ヒンドゥー教は、バラモン教を基盤として変貌したものですが、およそ次のような過程を経て、今日見られるヒンドゥー教が形成されました。(1)哲学諸体系の形成とヒンドゥー教の中核をなす諸聖典——二大国民的叙事詩(『ラーマーヤナ』『マハーバーラタ』)や諸法典など——の成立(紀元前後以降)、(2)宗派の成立(一〜二世紀以降)、(3)強いバクティ(熱烈な神に対する信仰)思想の台頭(六〇〇〜八〇〇年以降)、(4)タントリズム(密教)の形成(八〇〇年以降)、(5)イスラム教の浸透(一三世紀以降)、(6)イギリスの植民地支配、キリスト教の伝播、西洋文明との接触(一八〇〇年以降)といった六つの過程が想定されます。この変貌したバラモン教を旧来のバラモン教と区別するためにヒンドゥー教と名づけられました。

バラモン教は、ヒンドゥー教の基盤をなしているという意味では、ユダヤ教とキリスト教との関係に似ております。しかし広義にヒンドゥー教という場合にはバラモン教をも含んでおり、新たな開祖あるいは改革者が現れて、ヒンドゥー教を興した、あるいは改革した訳ではなく、両宗教は断絶することなく連続しています。このように、バラモン教は、ヒンドゥー教の前身または古層であり、しかも人為的に区別づけただけですので、ユダヤ教とキリスト教との関係とは異なっているのです。

「宗教」の言葉で語りきれないヒンドゥー教の包摂力

さて、「はじめに」において「インディア」などという呼称は、現在パキスタンを貫流しているインダス河を示すサンスクリット語である「シンドゥ」（Sindhu）に由来すると申しました。思えば、「ヒンドゥー教」という言葉もまた奇妙な言葉です。宗教の名称はよくその開祖の名前あるいは特有の教義などに由来するように思いますが、「ヒンドゥー教」という名称は、そうではありません。国名と同じように、インダス河を示すサンスクリット語であるシンドゥに起源がある「ヒンドゥー」という言葉が英語などのヨーロッパ語にも採り入れられて、ヒンドゥーの宗教・文化を指すのにイズムを附し、ヒンドゥイズム（Hinduism）という語が造られたのです。ヒンドゥー教はこの語の邦訳です。

しかしこの語に正確に対応するインドの言葉はありません。ヒンドゥー教徒の中には、自分たちの宗教を「サナータナ・ダルマ」（Sanātana Dharma 永遠の法）とか「ヴァイディカ・ダルマ」（Vaidika Dharma ヴェーダの法）と呼ぶ人もいますが、それほど一般的とはいえませんし、比較的新しい言葉です。

ヒンドゥー教は、本来、インドにおけるイスラム教、仏教、ゾロアスター教、ユダヤ教、キリスト教を除く、渾然とした宗教・文化の複合体に対する便宜的な呼称であり、明快な定義を与えることは不可能です。ヒンドゥー教は、日本の原始神道と同じく特定の教祖によって創始されたものではなく、インドの地にいわば自然に生まれたものです。ヒンドゥー教を意味する適当なインド語がないという事実が示唆するように、ヒンドゥー教は個人個人によって意識された信仰の体系であるというよりも、むしろ宗教的な観念や儀礼と融合した社会習慣的性格を多分にもっています。入信や改宗によってヒンドゥー教徒となるのではなく、ヒンドゥー教徒の子として生まれることが、ヒンドゥー教徒の資格を得ることにほかなりません。

このような性格は、ヒンドゥー教が、仏教やキリスト教等の世界宗教に対して、ユダヤ教等とともに民族宗教と呼ばれる理由の一つです。しかしヒンドゥー教がインドを越えて伝播したこともあり、またそのインドそのものがヨーロッパに匹敵する一つの世界であるなどの理由で、民族宗教であるということに批判的な学者もいます。

ヒンドゥー教は、複雑多様な複合体であって、「宗教」という言葉で覆い尽くせないものをもっています。神あるいは絶対者をとってみましても、ヒンドゥー教は、一元論も一神教も、二元論も多神教も、果ては無神論をもその中に含んでおり、共通の教義も共通の実践も共通の教会ももっておりません。

ヒンドゥー教は、途方もないほどの包摂力をもち、あらゆるものを吸収し、止むことなく成長します。したがってヒンドゥー教は、ピラミッドの頂点に立つ極度に発達した哲学体系からその底辺にある最も原始的な信仰や呪術をもその中に取り込んでいます。ヒンドゥー教は高度の神学や倫理の体系を包括しているばかりではなく、カースト制度やアーシュラマ（四生活期）制度をはじめ、個々人の生活の全般を規定する制度・法制・習俗等を内に含んでいます。このような性格から、ヒンドゥー教は、宗教というよりもむしろ生活法（a way of life）であるといわれることもあります。

ヒンドゥー教は、バラモン教と同じく、本来多数の神々を崇拝する多神教であり、複雑な複合体であることを反映して、神々も多種多様です。強大な勢力をもつ神から、山川草木に至るまでが崇拝の対象になっています。しかし、『リグ・ヴェーダ』の時代に有力であり、人々に最も愛好された武勇神インドラや人々に恐れられた司法神ヴァルナ等は、次の時代には勢力を失いました。今日のヒンドゥー教で、インド全域にわたって最も崇拝されている神は、ヴェーダ時代には微々たる存在にすぎなかったヴィシュヌ神とシヴァ神です。

ヒンドゥー教はこのほかに、ブラフマー神（梵天）を加えた三つの神格を中軸として発達してきており、ブラフマー神は宇宙の創造を、ヴィシュヌ神は宇宙の維持を、シヴァ神は宇宙の破壊を任務としていると信じられています。[3] しかしブラフマー神は中世以降勢力を得ることができず、他の二神を中心に展開してきています。

(1)シャンカラ　Śaṃkara（七〇〇～七五〇ころ）。伝説によれば、南インドのケーララ地方にあるカーラディで最高位バラモンの子として生まれた。幼くして父を失い、出家してゴーヴィンダに師事、その後各地を遊行し、名のある学匠と論議を闘わせ、正統バラモン教史上はじめて僧院を建立したといわれる。不二一元論派の開祖。

(2)ジャイナ教　仏教とほぼ同じ時期にマハーヴィーラによりインド東部で成立。ジャイナ教では階級制度を否定し、供犠のために獣を殺すことを排斥、動植物のみならず水・地・火・大気、あらゆるものに生命が宿るとし、特に不殺生の厳守を説く。

（3）この考え方は「三神一体」（トゥリムールティ）の説といわれ、ブラフマー、ヴィシュヌ、シヴァの三神はおのおの独立しているのではなく、同一の宇宙の最高原理が別様に現れているにすぎないとする。

第三章　ヴェーダの神々と日本

ヴェーダは、日本とは何の関係もない、時間的にも空間的にも、まことに遠い存在のように思えますが、よく検討してみますと、驚くべきことには、日本の宗教や文化と深い関係があるのです。ヴェーダに見られる二、三の神々の例を、その神々に対する讃歌とともに挙げてみましょう。

帝釈天（インドラ）

山田洋次監督の人気のある映画『男はつらいよ』でおなじみ、フーテンの寅さん、フーテンの寅さんといえば、東京柴又の帝釈天《たいしゃくてん》、と連想される方も多いと思います。この帝釈天は、一六二九（寛永六）年に日蓮宗の日忠《にっちゅう》が創建した由緒ある仏教寺院題経寺《だいきょうじ》に祀られているのですが、通称柴又の帝釈天でよく知られています。この帝釈天のルーツを探ると、じつは『リグ・ヴェーダ』に登場するバラモン教の神々の一つインドラ（Indra）に行き着きます。

このインドラ神は、仏教神話に採り入れられ、釈提桓因《しゃくだいかんいん》（Śakro devānām Indraḥ「神々の帝王であるシャクラ」の意味）と呼ばれるようになりました。「シャクラ」（Śakra）は「強力な」を意味する形容詞ですが、ここでは強いインドラを意味する名詞として使われています。中国では「釈」という漢字でその発音が写されました。「デーヴァーナーム」(devānām)は、「神」を意味する「デーヴァ」の複数の所有格で、「神々の」を意味しており、中国では「提桓」という漢字でその音が写されました。「インドラハ」(Indraḥ)は、「王、帝王」を意味し、中国では「因」の一字でその発音が写されました。神々の帝王ですので、頭に「帝」をつけて、「帝釈」ともいわれ、それに中国語の神を意味する「天」を付して、「帝釈天」という呼称が生まれたのです。仏法守護の神として尊崇されて、今日でも日本のあちこちで拝まれています。

多数の神々が登場する『リグ・ヴェーダ』において、最も尊崇された偉大な神はインドラでした。インドラは、『リグ・ヴェーダ』の神話では、ギリシャやローマの神話に見られるような最高神という位置づけはされておりませんが、神々の王者であるという点では、ギリシャ神話のゼウス、ローマ神話のユピテルに対応しています。かれには、『リグ・ヴェーダ』の讃歌全体のじつに四分の一が捧げられており、その人気のほどを知ることができます。

この神の語源もその元となった自然現象も明らかではありません。しかしインド・アーリヤ人がインドに移住する前の、インド・イラン共同時代にまで遡ることができる古い神で、小アジア、メソポタミヤにまで知られておりました。おもしろいことには、この神は、イランにおいては、紀元前七〜六世紀ころに現れた宗教改革者ザラスシュトラ(ゾロアスター)の宗教改革[1]の結果、悪魔にされてしまいました。

しかしインドの『リグ・ヴェーダ』の神話においては、理想化されたアーリヤ戦士の風貌をもった武勇神であり、全身すべて茶褐色、頭髪も髭も同じく茶褐色で、暴風神マルトの群を従え、茶褐色の二頭の名馬ハリのひく戦車に乗って、空中を馳せめぐり、アーリヤ人の敵を征服するとき、天地は激しく振動するといわれています。

インドラの数々の武勇伝のうち、最も有名なものは、蛇の形をした悪魔ヴリトラを退治する神話です。それによれば、かれは、神酒ソーマを多量に飲んで英気を養い、工作神トヴァシュトリの造った必殺の武器であるヴァジュラ（金剛杵《こんごうしょ》）を、悪魔ヴリトラの背中に投げつけて殺し、それまでヴリトラが山中に閉じ込めて人々を困らせていた宇宙の水が、幸福そうに鳴く七頭の牛の形をとって流れ出し、共同してその子供である太陽を身ごもったとされています。このモチーフは、ギリシャのヘーラクレースがヒュードラーという多数の頭をもった龍を退治する話に似ております。

インドラ讃歌（二・一二）

一　思慮ある第一の神は、生まれるや否や、その力で〔他の〕神々に打ち克った。かれの武勇が偉大なので、天地もかれの怪力を恐れた。――人々よ。かれこそインドラなのである。

三　かれは、蛇を殺して〔パンジャーブの〕七つの河流を解き放ち、ヴァラ（Vala 悪魔の名）の囲いから牛どもを駆り出し、二つの石のあいだに火を生じ、戦闘における勝利者。――人々よ。かれこそインドラなのである。

四　かれはこの一切を動揺するものとしてつくりなした。かれはダーサ族を低きものとして征服し、消失させた。賭博者が賭けた品物を得るように、かれは勝利者として敵の所有物を獲得した。――人々よ。かれこそインドラなのである。

五　恐ろしきかれ（＝インドラ）について人々は問う、――「かれはどこにいるのですか？」と。ま
たかれについて人々はいう、――「かれは存在しません」と。かれは敵の所有物を減少させる、

――賭けた品物を減らすように――。かれを信ぜよ。――人々よ。かれこそインドラなのである。

六　富める者を励まし、貧しき者を励まし、哀願するバラモン詩人を励ます者、――美しき〔黄
褐色の〕唇ある者、――ソーマを得るための石を装置し、ソーマの液汁を搾った人を助ける者。

――人々よ。かれこそインドラなのである。

九　かれなしには人々は勝利を博し得ない。戦っているときには助けを求めて人々はかれを呼ぶ。
不動なるものをも動かし得る者であり、いかなる者にも対抗し得る者となった。――人々よ。か
れこそインドラなのである。

一三　天も地もかれに敬礼する。山々もかれの猛威を恐れる。ソーマの酒を飲み、金剛杵を腕に握
っている者として知られている。金剛杵を手にしている者。――人々よ。かれこそインドラなの
である。

一五　かれは猛威がある。ソーマ酒を搾り、供物を煮炊きする人のために、戦いに打ち克った。あ

なたはじつに〔偽りのない〕真実なる者である。インドラよ。われらはつねにあなたに親しく愛される者である。よき子息に恵まれた者として、われらはあなたの崇拝を行ないます。
（中村元『ヴェーダの思想』一五五〜一五七頁）

この讃歌の中の第三と第四詩節は、今述べた武勇伝に言及しています。この武勇伝によって、かれは「ヴリトラ殺し」という呼称を得ています。かれなしには勝利を望むことは不可能で、敵も味方もかれを呼ぶといわれています。しかしかれは、強敵を屈服させるばかりではなく、かれを信ずる者に対しては、きわめて寛大な態度をとり、そのために詩人たちはかれの恩恵を口を極めて讃歎し、崇拝したのでした。

しかしこのインドラは、暴飲・暴食をし、粗野で、人間的な側面をもち、また暁紅神ウシャスの車を破壊したり、太陽神スーリヤの車輪を奪ったり、神々の世界の平和を破るというような弱点をも併せもっておりました。このようにインドラには暴虐な、反倫理的な側面もあり、最近神話学上トリックスターの性格をもっているといわれています。

水天（ヴァルナ）

東京の箱崎町のエアターミナルの近く、日本橋蛎殻町にある水天宮は、長い間江戸市中の流行神、水神としての御利益のほか、今日に至るまで安産祈願の神として根強い信仰を受けてきています。

この水天も、帝釈天と同じように、非常に古いインドのバラモン教の神ヴァルナ（Varuṇa）にそのルーツがあるのです。『リグ・ヴェーダ』の中で、ヴァルナに捧げられている讃歌の数は少ないのですが、『リグ・ヴェーダ』に登場する神々の中で、インドラと並んでとくに重要な神であることは疑い得ません。インドラが、武勇神としてアーリヤ人の敵を征服するのに対して、ヴァルナは司法神として、宇宙の秩序を堅持しています。かれは宇宙の理法リタ（ṛta 天則）――後に法ダルマ（dharma）の観念となって発達し、後代のインド哲学の中心的な観念の一つとなります――の擁護者・司法神・人間の倫理の維持者として、人間の行為と深い関係をもっております。

かれは全知全能で、かれに知られないで瞬きすることすらできないといわれています。かれは一切の事物を監視し、他の神々の上に君臨し、つねにスパイを放って人々の心の奥を洞察して、隠されている罪を暴き、人々の欺瞞を憎み、縄索をもって偽善者を捕縛し、水腫病によって罪人を罰するとされています。

ヴァルナ讃歌（七・八六）

三　ヴァルナよ。わたくしはその罪を見きわめようとして、その罪のことを〔みずからに〕たずねます。

わたくしは尋ねるために賢者たちを訪れます。

ところが賢者たちは、わたくしに同じことをいいます。――これは、ヴァルナがおまえに対して怒っているのだ、と。

四　ヴァルナよ。〔わたくしの〕主な罪はなんだったのですか？
　——あなたの讃美者であり友である〔わたくしを〕あなたが殺そうとなさるとは。

　欺かれがたく、独立自在である〔神〕よ。あなたは、その〔理由〕をわたくしに告げてください。

　わたくしは罪なき者となり、熱心にあなたに敬礼したいのです。

六　ヴァルナよ。それはみずから巧《たくら》んだことではありませんでした。それは誘惑されたのでした。
　——穀酒、怒り、骰子、無暴だったのです。

　年長者が年若き人（わたくし）を誤らせました。

　眠りさえも、〔悪い夢を見させることによって〕邪悪をなさないように遠ざけてはくれませんでした。

八　独立自在なるヴァルナよ。この称賛のことばは、あなたの心のうちに潜んでおれ。
　われらの所有について栄えあれ。われらの獲得について栄えあれ。

　あなた方は、もろもろの幸福をもってつねにわれらを守ってください。

（中村元『ヴェーダの思想』一〇九〜一一〇頁）


ヴァルナも、帝釈天同様に、インド・アーリヤ人がインドに進入する以前にまで遡ることができる、まことに古い神なのです。その起源に関しては、異説があって、確定的なことは何もいうことはできません。しかし水との関係は最初から密接で、かれは水の支配者であり、河流を海に注がせますが、後世になると水との関係はますます強くなり、叙事詩においては水神とされるに至っています。

天空の神であったヴァルナは、かくして水神となり、仏教を通じてはるばるわが国にまで来て、あちこちの水天宮で崇拝の対象となり、日本の民間信仰の中に生き続けています。安産の神となったのは、妊娠と関係深い胎内の羊水との関わりに由来するのではないかと推測しております。

女神、弁才天（サラスヴァティー）

東京の上野にある不忍池は、一六二五（寛永二）年に、上野の寛永寺が建立された際に、その中に弁才天を祀ってから有名になったそうです。短く弁天とも呼ばれ、全国各地で崇拝を受けています。この弁才天も、そのルーツをたどれば、『リグ・ヴェーダ』の中に登場する古いバラモン教の女神サラスヴァティー（Sarasvatī）に行き着きます。

この女神は、本来サラスヴァティーという伝説上の河を神格化した神で、後、ことばの神ヴァーチュ女神と同一視されました。このサラスヴァティー女神も、『リグ・ヴェーダ』の時代に、インドラ神ほど有力ではありませんが、ことば・弁才・学問・文芸の神として崇拝されました。インドの文人や学者の書斎には、この女神の像が、しばしば祀られています。実は、私の書斎にも、インドの友人からプレゼントされた、白い衣をまとい、蓮華の上に坐り、四本の手の中の二本を使って琵琶（ヴィーナー）を弾き、かたわらに孔雀がはべっている女神の像が壁に掛けてあります。サラスヴァティーの特徴的な持ち物である琵琶が象徴するように、この女神はまた音楽の守護神でもあり、インドの音楽家たちによって大変に尊崇されています。

日本では、「弁（才）天」は、早くも奈良時代に、豊かな国土を実現する神として国家仏教の中に取り入れられたといわれています。鎌倉鶴岡八幡宮の有名な琵琶を弾く裸の女神の座像には、伎楽の神としての要素が加わっています。やがて江戸時代になると、「弁財天」とも書かれ、蓄財の神として町人や庶民の間に広く崇拝されるようになり、銭洗弁天《ぜにあらいべんてん》などが登場することになりました。日本三弁天として有名な江ノ島（神奈川）・琵琶湖の竹生島（滋賀）・安芸（広島）の厳島の弁天に見られるように、水の神としての性格をそなえているものもあります。インドでは主として学問・文芸・音楽の神であった清楚なサラスヴァティー女神が、日本にきてその性格が薄れ、現世利益の蓄財の神となってしまったのは、日本人のメンタリティーあるいは日本人の本質と関わりがあるのかも知れません。

サラスヴァティー讃歌（七・九五）

一　生気溢れる満々たる大水をもって、〔この河は〕流れた。このサラスヴァティー河は、堅固な基底であり、鉄の要塞である。この大河は、車道を進むがごとくに、ほかのすべての水流を威力によって押しやりつつ進む。

四　また、かの誉れ高き、恵み深きサラスヴァティーは、この祭祀において、快く受けて、耳を傾けるように。――膝をまっすぐに立てた敬礼する人々によって近づかれる〔この女神〕は。〔かの女神は〕富と結びついているので、〔あらゆる〕朋友たち（＝ほかの河川）にまさる。

五　サラスヴァティーよ。これら〔の供物〕を、あなた方に、敬礼をもって捧げるのだから、称讃の歌を快く受けよ。もっとも愛しきあなたの保護のもとに身を置き、われらは、〔あなたの〕避難所に近づきたいのです。――あたかも木蔭《こかげ》に〔入る〕ように。

六　サラスヴァティーよ。ヴァシシュタ（この一篇の詩人）は、ここにあなたのため、宇宙の法則の門を開いた。恵み深き〔神〕よ。麗しき〔神〕よ。〔神を〕称讃する者に〔恵みを〕増し与えよ。あなた方〔神々〕は、力づける恩賞を授けてください。

（中村元『ヴェーダの思想』一九三〜一九五頁）

この讃歌から直ちに、日本の弁才天を思い浮かべることは、なかなか困難であろうと思います。長い年月の経過の過程で、叙事詩や大乗仏教の中で変容を受け、今日の弁才天になったもののようです。

（1）ザラスシュトラの宗教改革　ザラスシュトラ（ゾロアスター）は前六世紀ころ、世界は相反する二神（善神と悪神）の闘争の中にあり、善神の勝利によって祝福が約束されると説いた。この善悪の神の位置づけによりアフラ（アシュラ）が最高神とされた（第一章注2参照）。

第四章　興味ある讃歌

本章では、『リグ・ヴェーダ』の中の興味深い讃歌のいくつかをご紹介したいと思います。まず最初に、今から三〇〇〇年も前に作られた讃歌で、現代に向かって訴えかけているような讃歌を選んでみました。

現代に訴える讃歌

『リグ・ヴェーダ』の最後を飾る詩節は、神々に捧げられた讃歌ではありませんが、インド文明の理想を表明するものとして、今日でもしばしば引用されますので、ご紹介したいと思います。

和合の歌（一〇・一九一）

二　あなた方は集合せよ。ともに話し合え。あなた方の心は、協和せよ。――昔の神々が協和して、祭祀の供物を享受するために坐っていたように。

三　智慧のはからいは共同であれ。会合は共同であれ。心は共同であれ。それらの人々の思考はともにあれ。協和せる智慧のはからいを、わたしはあなた方に勧める。共通なる献供をもって、わたしはあなた方に捧げる。

四　あなた方の目的は共同であれ、あなた方の心は共同であれ。あなた方の思いは共同であれ。――あなた方が幸せにともに生きるように。

（中村元『ヴェーダの思想』三八七頁）

この詩節には、今日大きくその必要性が叫ばれている「共生」の理想が表明されていると解することができるように思われます。現代では異なった諸宗教の共同の祈りの場において、唱えられることがあります。

今はもう半世紀も昔のことですが、私がまだアメリカのある大学でインド哲学を教えていたころのことです。あるパーティーの席で、突然私に近づいてこられた貴婦人が、「先日、ある平和団体の会合で、インドの古い聖典『リグ・ヴェーダ』の和合の歌が唱えられましたが、本当にそういう歌があるのですか？」と訊ねられました。インドにそんな素晴らしい歌があるはずがない、といった表情で、私から「No」という返事を期待しておられたようでした。しかしその方の期待を裏切って私は「Yes」と答え、さらに「ご興味があれば、『リグ・ヴェーダ』のその箇所をお見せしましょう」と付け加えたのでした。その貴婦人は驚いておられましたが、私自身は、『リグ・ヴェーダ』が、実際にそのようなインド人だけの集まりではなく、国際的な会合で唱えられ、現実に生きていることに驚いたことを今も鮮明に憶えております。

世界協和の祈り（一・八九）

一　よい思いは、いたるところから、われらのもとに来れ。――誠実正直で、ゆがめられることなく、湧き出る思いは。――こうして神々が、日ごと日ごとに撓《たゆ》むことなき保護者として、つねにわれらの繁栄に向かうために。

（中村元『ヴェーダの思想』三七三頁）

この詩節は、本来修養法の一種として、よい思いを重んずるという思想を示すものと思われますが、現代インドの知的指導者たちは「よい思いは、いたるところから、われらのもとに来たれ」という祈りの中に、世界諸国のよい思想を採り入れようとする態度が表明されているとし、これが学問の基本的な態度であると考えているそうです（中村元『ヴェーダの思想』三七三～三七四頁）。さらにまた、この詩節には、平和とか協和という語句は用いられていませんが、世界協和の祈りのことばとして現代においてしばしば唱えられています（中村元『ヴェーダの思想』三八八頁）。

ヒンドゥー教で重要となる神々の讃歌

前に述べましたように、現在のインドにおいて信奉されているヒンドゥー教は、バラモン教と同様に多神教であって、ブラフマー神（梵天）とヴィシュヌ神とシヴァ神という三柱の重要な神を中心に展開しています。しかしヴェーダの時代には、この三神とも重要な位置を占めることはありませんでした。

それでもヴィシュヌとシヴァは『リグ・ヴェーダ』の中に登場してはおりますが、インドラやアグニなどには、比ぶべくもありません。しかもシヴァは、シヴァとしてではなく、その前身であるルドラとして登場するにすぎません。またブラフマー神は『リグ・ヴェーダ』の中に登場することもありませんでした。宇宙の創造神としてのブラフマー神は、ヒンドゥー教においては、高い位置に置かれはしましたが、一般大衆によって崇拝されることはありませんでした。今日においても人々から崇拝されることはまれで、ブラフマー神のために建立された重要な寺院は、インド中に二つあるのみにすぎません。それに比して、他の二神は、一般大衆の絶大な信仰の対象となっています。

ここでは、この二神の『リグ・ヴェーダ』における姿を見ることにしたいと思います。

ヴィシュヌ讃歌（一・一五四）

一　われはいまヴィシュヌの雄々しき偉業を宣べよう。――かれは他の領域を測量し、上方の集いの場所（天界）を支えた。――歩みの幅ひろき〔かの神〕は三歩で闊歩して。

三　意気を高めるわが讃歌はヴィシュヌにいたれ。――山に住み、幅ひろく闊歩する牡牛（＝ヴィシュヌ）に。

かれひとりで、この遠くひろがれる集いの場所を、三歩もて測量した。

四　かれの三歩は蜂蜜に満ち、尽きることなく、自己の精力に酔う。

かれひとりで、天をも地をも支え、また生きとし生けるものを支えた。

（中村元『ヴェーダの思想』一三二頁）

『リグ・ヴェーダ』において、ヴィシュヌ神に捧げられた讃歌の数は、現在のヒンドゥー教に占めるヴィシュヌ神の重要性から判断してみると意外に少なく、わずかに五篇にすぎません。しかし時間の経過とともにその重要性は高まり、ブラーフマナ文献において重要な神となり、シヴァ神とともに、後世ヒンドゥー教の主要な三神の中の一つとなりました。仏教においては、毘紐天《びちゅうてん》（あるいは毘瑟奴《びしぬ》天《てん》）として、しばしば神話に登場します。

ヴィシュヌ神は本来、太陽の光照作用を神格化した神であると推定されています。インドラ神やヴァルナ神に比して新しく、インド・アーリヤ人がインドに進入してから後に成立したもののようです。この神の最大の特徴は、第一、第二詩節からもうかがえるように、天・空・地の三界を、三歩で闊歩したこととされています。この特徴は、『リグ・ヴェーダ』の中で一〇回以上も言及されており、かれは「闊歩する者」と呼ばれております。かれの三歩の中の二歩はまだ人間の視野の中にありますが、その第三歩は、最高天にあるとされています。ヴィシュヌ神は、インドラと親密で、インドラの行動を支援しています。

ルドラ讃歌（二・三三）

二　ルドラよ。あなたが与えてくださった、もっとも効験のある医薬によって、わたくしは百歳に達したいのです。憎しみをわれらからはるか遠くに駆逐してください。困苦をも遠くへ！　病気をあらゆる方向に追い払ってください。

七　ルドラよ。あなたの、治癒の効験あり、ひんやりとした、やさしい手は、どこにあるのですか？　神命に由来する困苦を除去する者としてわたくしに恕しを垂れてください。牡牛〔のごとき神〕よ。

九　しっかりとした手足をもち、多くのすがたを示す赤褐色で強豪なる〔神〕は、輝かしき黄金の飾りをもって身を装った。この大いなる世界を支配するルドラから、アスラとしての支配の離れることのないように。

一四　ルドラの投げ矢は、われらを避けて通りますように。憎悪する者（ルドラ）の威《たけ》き悪意は、われらを通りすぎますように。固く引き絞った弦をゆるめよ。――〔われらの〕恵み深き庇護者のために。仁愛なる者よ。〔われらの〕子らと子孫のために、やさしくしてください。

一五　褐色なる者よ、誉れの轟く牡牛〔のごとき者〕よ。神よ。あなたが怒ることのないように、殺すことのないように〔してください〕。ルドラよ。ここでわれらの祈願を聞いてください。すぐれた男児に恵まれて、祭場において、高らかに語りたいものです。

（中村元『ヴェーダの思想』一六五～一六八頁）

シヴァの前身ルドラ（Rudra）は、暴風神で、インドの強烈なモンスーンの破壊力と、その後にくる爽快感に由来するとされています。ブラーフマナ文献によると、ルドラが生まれたとき、名前が与えられなかったので、泣いたために、「ルドラ」と命名されたといわれています。Rudra の語源ははっきりしていませんが、「泣く、ほえる」を意味する動詞の語根 rud から形成されたと一般に解され、「咆哮する者」を意味すると考えられています。

ルドラは、第二詩節、第七詩節に見られるように、よく効く薬を与え、病気を治し、災難から救うといわれています。他方、ルドラは、第九詩節が示すように、『リグ・ヴェーダ』においては、ヴァルナとともにアスラの代表なのです。インドで一般に神を意味する言葉は、『リグ・ヴェーダ』以来、「デーヴァ」(deva) で、これはラテン語の「デウス」(deus 神) と同じく、本来「輝く」を意味する動詞の語根から派生した名詞です。これとは別に『リグ・ヴェーダ』では神を意味する単語「アスラ」(asura) があります。しかしこの言葉は、後世においては、しばしば「悪魔」を意味します。『リグ・ヴェーダ』において、すでにこの悪い意味に用いられている場合もありますが、古い部分では、つねに特殊な神を指しています。

『リグ・ヴェーダ』において、デーヴァとアスラは、ともに「神」を意味するとはいえ、同一ではありません。デーヴァは、友愛に富み、親しみのある神を表すのに対して、アスラは、何か不気味で、幽玄不可思議で、近づきがたい側面をもち、魔神や鬼神などと共通した不気味さをもっています。

興味深いことには、イランでは、まったく逆の現象が起こっております。ザラスシュトラの宗教改革の結果、デーヴァの地位が下落して、ついには「悪魔」を意味するようになり、他方アスラは——『アヴェスター』では「アフラ」が——、最高神を示す言葉として残ったのです(第三章注1参照)。

それに対してインドでは、本来はアスラに属していた神々もその神性については次第にデーヴァに近づき、アスラは、その魔力や魔神的性格に対する恐怖からでしょうか、ついに悪魔の通称となってしまいました。

漢訳仏典では、「阿修羅《あしゅら》」と音写され、仏教の輪廻転生説のうち、六道説では、阿修羅の生存状態、もしくはその住む世界が「(阿)修羅道」として、三善道の一つに加えられています。興福寺の天平時代の阿修羅像は、国宝として有名で、多くの人々に愛されています。戦闘を好む阿修羅神は、古くから仏教説話などを通じて、わが国で広く知られ、悲惨な闘争が繰り広げられる場所や状況を「修羅場」といい、また戦闘を筋とする能楽の脚本を「修羅物」などと呼んでいます。

『リグ・ヴェーダ』のルドラは、「しばしば敬礼して、アスラなるかの神を敬え」(『リグ・ヴェーダ』五・四二・一一)などといわれており、アスラとデーヴァの両性格を併せもっています。怒れば猛獣のように荒れ狂い、第一四詩節と第一五詩節でうかがえるように、人畜草木を殺傷する悪魔的側面に対して、詩人はひたすらそれを避けようとしてルドラに祈願し、他方、第二詩節と第七詩節に、病を治癒し、困苦を除去する恵の神の側面に対して、ひたすらその恩恵を受けようとルドラに祈願している詩人の姿を見ることができます。

ヴェーダ聖典以後になりますと、「一一人のルドラ神」という言葉が、インドの古典の中に現れるようになり、ヒンドゥー教の最高神シヴァのことを「一一人のルドラの中の最上の者」と呼ぶようになります。仏教の真言密教《しんごんみっきょう》で、「十一面観音」の観念が成立しますが、これにはルドラの信仰の影響があるといわれています(中村元『ヴェーダの思想』一六八頁)。

ことばに対する思索

ことばの意味の問題は、近年になって、西洋の哲学界において華々しい議論の対象になってきていますが、インド人のことばについての思索の歴史は『リグ・ヴェーダ』にまで遡ることができます。

ことば讃歌（一〇・一二五）

一　わたしはルドラ群神、ヴァス群神とともに歩む。わたしはアーディティヤ群神と、また一切の神々とともに歩む。わたしは、ミトラ、ヴァルナ両神をになう。わたしは、インドラとアグニ、またアシヴィン両神をになう。

二　わたしは、溢れるばかりのソーマをになう。わたしはトヴァシュトリとプーシャンとバガとをになう。供物を捧げ、ソーマを圧搾し、よく祈願する祭主に、わたしは富をあてがう。

三　わたしは国の女王であり、もろもろの富を集める人である。賢明であり、祭祀をもってあがめらるべき〔神々〕のうちで第一人者である。わたしは多くの場所を占め、多くの者に恩恵を授けるが、そのわたしを神々は安定させてくれました。

五　わたしはみずからこのことを語る。――神々と人間とに喜ばしきことを。わたしは自分が欲する者を、バラモン、仙人、賢者とします。

（中村元『ヴェーダの思想』四三三〜四三四頁）

インドでは、驚くべきほど早い時代から、ことばのもつ神秘力が、「ことば」を意味するサンスクリット語「ヴァーチュ」(vāc)の名のもとに、女神として神格化されました。この詩はこのヴァーチュ女神に捧げられた『リグ・ヴェーダ』の讃歌ですが、詩人が女神を讃える形をとらず、女神自らが、「わたし」として、一人称で語り、自己の偉大さを自讃しています。この女神は、のちに聖なる河を神格化した女神サラスヴァティーと同一化され、弁舌・学芸の女神となり、仏教にも採り入れられて、日本では弁才(財)天として尊崇されています(三八〜四〇頁参照)。

この讃歌に表現されている女神は、ミトラやヴァルナなど一切の神々を支持し、一切の人間の拠り所であり、一切万物を把握し、天地に遍在しており、あたかも最高神あるいは宇宙の根本原理の地位を占めているといってよいでしょう。このためによく、西洋のロゴス(Logos)に比せられます。インドにおけることばに対する思索は、『リグ・ヴェーダ』に始まり、ブラーフマナ、ウパニシャッドへと引き継がれ、深められていきました。

またヴェーダ聖典は、天啓聖典シュルティ(Śruti)として絶対視されるようになり、その正しい伝承と解釈のために、補助学として音韻学、文法学、語源学が早くから発達しました。文法学書としてはパーニニ(紀元前五〜四世紀)の文典『アシュターディヤーイー』(『八篇の書』)が現存最古のものですが、文法学はもはや単なるヴェーダの補助学の域を脱して、独立の科学として確立しました。このようにことばに対する考察・分析が進められるにつれて、ことばの本質や意味についての思弁も行われるようになり、やがて五世紀後半に彗星のごとく出現したバルトリハリは、『文章単語篇』を著して、一つの哲学学派にまで発展させ、インドの言語哲学を代表する理論を打ち立てました。

インドの言語哲学の領域で重要な貢献を果たしたもう一つの哲学学派は、ミーマーンサー学派です。ミーマーンサー学派は、ヴェーダ聖典の解釈学として発展した哲学学派で、ことばで書かれ、絶対権威をもつヴェーダ聖典の永遠不滅性、無誤謬性を主張しました。その主張を理論的に基礎づけるためには、ヴェーダ聖典自体が書かれていることばの本質・その意味・ことばと意味の関係などをめぐって論究することが必要不可欠でした。

インドにおける言語哲学の領域においては、この二学派、すなわち文法学派とミーマーンサー学派とが最も重要な貢献を果たしました。このほか、聖典よりも人間の理性を重視し、すべての客観世界を「単語の意味」と捉える合理主義的実在論のヴァイシェーシカ学派や、反対にすべての客観世界の実在性を否定し、現象虚妄論を唱える仏教など、インドの言語哲学に関する資料は豊富であり、その歴史は長く、かつ深いものをもっています。

第五章 ❖ 宇宙の創造　その一

宇宙はどのようにして成立したのか、という問題は、人類にとって古くて新しい課題です。「ビッグ・バン」とか「ブラック・ホール」といった言葉は、われわれの想像力をいやが上にもかき立てる魅力をもっています。本章と次章の二章にわたって、『リグ・ヴェーダ』に見られる、後代のインド哲学・宗教・文化・社会に大きな影響を与えた宇宙生成論を取り上げたいと思います。

宇宙生成論

宇宙の成立を解明しようとする考え方は、早くも古代人の詩文の中に現れ、エジプト、バビロニア、ギリシャ、中国においては、原始的哲学的思惟が宇宙生成論として現れました。インドにおいても同じように、紀元前一二〇〇年ころを中心に、長い年月の間に、徐々に編纂されたと推定されている『リグ・ヴェーダ』の中に、素朴な形の宇宙の生成についての思弁が見られます。

『リグ・ヴェーダ』の詩人たちの中には、多数の神々を超越した最高神を求め、その神による宇宙の創造を説くものも出てきました。とくに『リグ・ヴェーダ』の最も新しい層の代表と考えられている第一〇巻には宇宙の創造を組織的に説明しようとする若干の讃歌が見られます。

例えば、天地は創造神ヴィシュヴァ・カルマンが建造したと説いているものや、同じく創造神である祈禱主ブラフマナス・パティが、ちょうど鍛冶工のように、ふいごを煽いで一切万有を創造したと説明している讃歌もあります。また創造神が「黄金の胎子」として現れ、万有の唯一の主宰者となり、天地を確立したとして、いわば生物の出生になぞらえて説明している讃歌もあります。

これらの讃歌の創造観は、キリスト教などに見られるように一神教的であり、神が宇宙の創造者となっています。しかし『リグ・ヴェーダ』の最終期に属すると思われる讃歌には汎神論的な創造観が見られます。これらの創造説が後世のインド思想に与えた影響は大きく深いものがあるので、次にそれを検討してみたいと思います。

宇宙の精神的原理、原人プルシャ

汎神論的な宇宙創造観を示している讃歌の一つは、有名な『リグ・ヴェーダ』の「プルシャの讃歌」(一〇・九〇)です。「プルシャ」(Puruṣa)は、いろいろな意味をもっている言葉ですが、ごく一般的には「人、人間」を意味しています。しかし哲学的な術語としては、「個人の本体、霊魂」、さらには「宇宙の精神的原理」をも意味する重要な言葉です。ここではこの宇宙の一切が生まれた元となったもので、通例「原人」と訳されています。

この讃歌によると、宇宙の創造を行う主体は神々ですが——この意味で厳密には汎神論的創造観とはいいがたいのかも知れません——かれらはこの原始的巨人の身体を犠牲獣として祭祀を行い、この原人の身体という材料を解体して宇宙を創造したというのです（以下本章の「原人プルシャの讃歌」は中村元『ヴェーダの思想』四二〇〜四二二頁）。

原人プルシャの讃歌（一〇・九〇）

一　原人は千の頭があり、千の眼があり、千の足があった。かれは、あらゆる方角にわたって大地を覆い尽くして、なお十指の長さを残して立っていた。

二　原人は、すでにありしものおよび未来にあるべきもののこの一切である。またかれは不死界（神々）の支配者であり、〔祭祀の？〕食物によって、それを超えて成長した。

三　かれの威力は、かくのごとくである（＝これほど大きかった）。また原人は、それよりもさらに偉大である。かれの四分の一は一切の存在である。かれの四分の三は天にある不死者である。

四　原人はその四分の三なるものとして上方に上った（＝不死者の世界にいたった）。この世におけるかれの四分の一は〔根源から離れて〕ふたたび有となった。それから、かれはあらゆる方向に分かれ出でて、食する者および食せざるものとなった（すなわち地上的な四分の一から、有心の生きものおよび無心の事物があらゆる方向に現われ出たという）。

中国では、例えば唐の詩人李白には、心配ごとや悩みが積もることの形容として「白髪三千丈」などという大げさな誇張した表現が見られますが、インドの場合にはそれをはるかに上回る空想力・表現力がしばしば見られ、驚嘆することがあります。ここにもその一例を見ることができます。

日本神話で、素戔嗚尊《すさのおのみこと》が退治したのは、頭尾がおのおの八つに分かれた八岐大蛇《やまたのおろち》でしたが、ここで神々が犠牲獣としたのは、一〇〇〇の頭と、一〇〇〇の眼と、一〇〇〇の足をもっていたといっております。しかも原人プルシャは、大地を覆ってさらに一〇指も――どのくらいのことをいうのでしょうか？――余りがあるほど巨大であり、過去にあったものおよび未来に存在するはずのものをも含めた一切万有であるというのです。かれは神々の世界も人間の世界も生物の世界をも支配し、しかもそれをも越えてさらに成長したというのです。これはまた「大風呂敷」などという言葉をはるかに凌駕しております。

それでもまだ詩人は満足せず、それよりもなお偉大であるとその巨大さを強調しています。一切万物はかれのわずか四分の一に相当し、かれの四分の三は目に見えない天界にある不死者であるといいます。その四分の三をもって上方の不死者の世界に昇り、かれの地上的な四分の一から人間を含む生物や無生物があらゆる方向に現れ出たと述べています。

五　かれから〈照らす者〉が生まれ〈照らす者〉から〔開展せる〕原人が生まれた。かれが生まれたときに、大地を越えてひろがった。――前方にも後方にも。

この原人から「照らす者」が生まれ、「照らす者」から開展した、すなわち目に見えるものとなったという。AからBが生じ、BからAが生ずるというこの神秘的な循環発生は、ヴェーダの創造神話においてよく見られる常套表現で（辻直四郎『リグ・ヴェーダ讃歌』三二四頁）、Aが原初的・原理的な段階から、目に見える現象的・具象的な段階に進む過程を示しています。このような循環発生は、宇宙の原初状態の神秘性を高めようという意図のほかに、ウパニシャッドに見られる中性的原理としての宇宙の根本原理ブラフマンと人格化したブラフマー（梵天）との関係を予告しているように思われます（辻直四郎『ヴェーダとウパニシャッド』七八頁）。

原人は、神秘的な循環発生によって、この具象的な、目に見えるような形になって生まれます。生まれたときに、前方にも後方にも、大地を越えて広がりました。いよいよ原人を犠牲獣とする祭式が、神々によって執行されることになります。

六　神々が原人を犠牲獣として祭祀を実行したときに、春はその溶けたバターであり、夏はその薪であり、秋はそれの供物であった。

七　〔世に〕最初に生まれた原人を犠牲として、敷草の上に水を灌《そそ》いで浄めた。かれをもって、神々は祭祀を行なった。サーディヤ神族も詩聖たちも〔同様に祭祀を行なった。〕

祭式を行うときに必要なものは、祭火に注ぐ溶けたバターと薪と供物とですが、祭式のときそれぞれ春と夏と秋が、いわば溶けたバター、薪、供物となったのです。祭式の準備ができたところで、原人を敷草の上に置いて、水で浄めて神々は祭式を行いました。サーディア（サーディヤ）神族も詩聖たちと同様に祭祀を行いました。

八　完全に献供されたその犠牲獣から、酸酪が集められた。それは、空中に住む獣、森に住む獣、村に住む獣どもをつくった。

九　完全に献供されたその犠牲獣から、もろもろの讃歌ともろもろの旋律とが生じた。もろもろの韻律はそれから生じた。祭詞はそれから生じた。

一〇　それから、馬でも、およびおよそ〔上下に〕二列に歯のある〔獣ども〕が生まれた。牛どもは、それから生じた。山羊どもと羊どもとはそれから生まれた。

神々が原人を犠牲にして祭式を行ったとき、最初に得られたものは、バターの溶液に酸乳を加えた酸酪（プリシャド・アージア）で、それから空中に住む獣、森に住む獣、村に住む獣などが作られました。さらにヴェーダの主要な内容を構成する讃歌・旋律・韻律・祭詞が生じました。また、馬・牛・山羊・羊も生まれました。

一一　かれら（神々）が原人を〔宇宙的な祭祀における犠牲獣として〕切り刻んだときに、いくつの部分に分割したのであるか？　かれの口はなにになったのか？　かれの両腕はなにになったのであるか？　かれの両腿、かれの両足はなんと名づけられたのであるか？

これは詩人の自問自答なのでしょうか。あるいは詩人が誰かに、あるいは詩人の師にでも質問しているのでしょうか。神々が原人を解体し、切り刻んだときに、いくつの部分に分割したのか、そして切り刻まれた体の各部分が何になり、何と名づけられたのか、と問いかけています。

一二　かれの口は、バラモンであった。かれの両腕は、王族とされた。かれの両腿は、庶民とされた。かれの両足からは隷民が生まれた。

その問いに対して、その口からバラモン〔ブラーフマナ、司祭者〕、両腕から王族〔ラージャニア〕、両腿から庶民〔ヴァイシャ〕、両足から隷民〔シュードラ〕が生じたと答えています。ただし、ここにはバラモン、王族、庶民、隷民への言及があるものの、まだバラモン階級を頂点とする四つの階級制度、すなわち四姓《しせい》制度〔ヴァルナ varṇa〕という言葉は用いられてはおらず、単に職業の別に言及しているにすぎないと思われます。この問題については、後ほど再び言及することにしたいと思います。

一三　月はかれの思考機能から生じた。〔かれの〕眼からは太陽が生まれた。〔かれの〕口からはインドラとアグニとが生まれた。〔かれの〕息からは風が生まれた。

一四　〔かれの〕臍からは空界が生じた。〔かれの〕頭からは天界が展開し、〔かれの〕両足からは大地が展開し、〔かれの〕耳からはもろもろの方角が展開した。このようにかれら〔神々〕はもろもろの世界を形成した。

返答はさらに続きます。すなわち、原人の思考機能からは月が、その眼からは太陽が、口からはインドラ神と火神アグニが、息から風が、臍《へそ》から空界、頭から天界、両足から大地、耳から方角が生まれました。

「アグニ」(Agni)は、ラテン語の「イグニス」(ignis 火)などと語源を同じくする言葉で、普通名詞として用いられれば「火」を意味します。しかしそれと同時にイランにおける「アータル」と同じように、神格として、すなわち「火神」として、崇拝の対象とされています。アグニに捧げられた讃歌は、インドラに捧げられた讃歌に次いで多く、『リグ・ヴェーダ』の冒頭の讃歌は、このアグニに捧げられています。このことはアグニが当時の人々にとって重要視されていたことを示唆しているように思います。ここにインドラとアグニが、いわば神々の代表として登場しているのではないかと思います。

アグニの担っている最も大きな役割は、祭場における祭火となることです。かれは黄金の顎・歯をもっており、炎を頭髪とし、三個あるいは七個の舌をもっているといわれています。しかも神々は、その舌で火中に投入された供物を味わいます。またアグニは自分の中に投入された供物を、天上の神々のところへ運び、同時に神々を祭場に運んでくるので、神々と人間との仲介者、あるいは使者と呼ばれています。

一五　祭祀を執行しつつある神々が原人を犠牲獣として〔祭柱に〕縛りつけたときに、かれの〈祭火を囲む木片〉は七本であった。火をつける木片は七個の三倍つくられた。

一六　神々は祭祀(犠牲獣)によって祭祀を執行した。それらは最初の規範であった。それらの威力は天空におもむいて、往昔の神々、サーディヤ神族のましますところにいたった。

この第一五詩節では、神々が、原人を犠牲獣として執り行った祭祀の様子が述べられていますが、最後の詩節では、原人が祭祀そのものであるという考えが述べられています。

巨人解体の神話

巨人解体の神話は、世界のあちこちで類話が見られます。この『リグ・ヴェーダ』の創造神話は、北欧スカンジナヴィアのエッダ神話のうちのイミル（Ymir）神話や中国の盤古《ばんこ》神話などとともに、「世界巨人型」の創造神話の代表的なものの一つとされています。イミル神話によりますと、イミルは世界最古の存在でしたが、かれはオージンとフィリとフェーという三柱の兄弟の神によって殺されて、かれの屍体は深淵の中に投げ込まれました。するとかれの身体の肉は大地となり、血は海となり、骨は山脈となり、髪の毛は樹木となり、頭蓋骨は天空となり、脳髄は雲となり、双眉から人類の住居が現れ、人類はその後に生まれ出たとされています。

また盤古神話によると、盤古氏という巨人が死んだとき、頭は四岳となり、両眼は日月となり、脂膏は紅海となり、毛髪は草木となったということです。

この世界巨人型の創造神話には、マリアナ諸島で採集されたブンタンという巨人が、その姉妹に自分の死骸から世界を造らせた話や、叙事詩『エヌマ・エリシュ』にあるバビロニア神話のマルドゥク神が、ティアマトという蛇形の女神の死骸から天を造ったという話などもこの神話の中に含められています。

また日本の神話の中の類話を、『古事記』の中のイザナギ（伊奘諾尊）に認める学者もいます。イザナギの神話の最後には、この神が黄泉《よみ》の国から帰還した後で、禊をしたときに、彼の左の目から太陽神のアマテラス（天照大神）が、右の目からは月神のツキヨミ（月読宮、月夜見宮）が、鼻からは凶暴で岩戸隠れの原因となる騒動を起こすスサノオ（素戔嗚尊、須佐之男命）が生まれたと伝えられています。

『リグ・ヴェーダ』においては、祭式が創造の手段とされ、プルシャは祭式に用いる犠牲獣と見なされています。このような祭式にことよせた宇宙創造観は、インド以外の国においてはほとんど認められないようであり、インドの巨人解体による創造観の特徴といえるようです。

またこの『リグ・ヴェーダ』の創造讃歌で注目すべき点は、宇宙の創造は超越的プルシャの自己限定であるという思想がはじめて示されており、また原人プルシャの観念が後代のアートマンの観念の先駆けとなったことであると思います。宇宙の原因が人格的なものであり、それが開展して一切の存在者が成立したという思想は、ここに始まり、その後インド思想として最も有力なものとなりました。とくにインド哲学の主流を形成するヴェーダーンタ哲学に対する影響は顕著で、後代にはヴェーダーンタ学派は「プルシャ論者」（puruṣavādin）と呼ばれることもあります。

四姓制度（ヴァルナ）とカースト

今一つ注目すべき点は、この讃歌が後世のインド社会、とくにヒンドゥー社会に大きな役割を演ずる、バラモン階級を頂点とする四姓制度に根拠を与えていることでしょう。

アーリヤ人がまだパンジャーブの地にいたころは、いくつもの部族に分かれて定住し、各部族はラージャンと呼ばれる部族長によって統率されていました。そしてそのラージャンの補佐役としてプローヒタと呼ばれる司祭長がいて、有力でした。部族の重要な決定は部族会議で行われ、部族としての連帯は強いものがありました。このような社会を背景に今検討した『リグ・ヴェーダ』の「原人讃歌」は編纂されたと推測されます。したがって前に述べたように、四姓制度そのものが言及されているのでなく、単に職業の別に言及されているのみで、ただバラモンが重んじられ、隷民が低く見られていたことに言及しただけにすぎなかったのではないかと思われます。しかしのちに四つの階級となる名称が列挙されているということは重要です。

四姓制度が形を整えたのは、農耕社会が確立した後期ヴェーダ時代（紀元前一〇〇〇～六〇〇年ころ）であると推定されています。かつて『リグ・ヴェーダ』が編纂された時代には、バラモン文化の中心地はパンジャーブ地方でしたが、後期ヴェーダ時代には、ガンガー河上中流域に移り、牧畜から農耕へと生産活動が変化するに伴って、社会の組織も大きく変わっていったのです。すなわちまだ部族的な連帯は維持されてはいるものの次第に国家的な組織ができあがるにつれて、かつての部族長ラージャンは「王」となり、それを支えるラージャニヤと称する王族・武人集団が形成されました。また種々のヴェーダ聖典が成立し、ヴェーダの祭祀が整備されるに伴って、ヴェーダの祭祀を司る司祭者たちの勢力も強いものになってきました。

このようにしてアーリヤ人の社会は、王族・武人（クシャトリヤ）、司祭者（バラモン）、それにそれとは区別された庶民（ヴァイシャ）という三つの階層に区別されるようになりました。このアーリヤ人の社会とは別に、先住民の人々がおりました。かれらはこのアーリヤ人の社会の中に取り込まれましたが、アーリヤ人からは隷民（シュードラ）として差別され、アーリヤ人への奉仕を強制されました。

四姓制度を意味するサンスクリット語「ヴァルナ」は、本来「色」を意味する言葉です。アーリヤ人がインドに進入したとき、支配者であったアーリヤ人の皮膚は白いのに反して、被支配者であった先住民の皮膚は黒かったために、やがてヴァルナに「身分」「階級」の意味が加わったのです。そしてバラモン至上の風潮や四姓制度の確立など、後世のインド的特徴をそなえた文化・社会の基礎が置かれたと推定されます。混血が進んで、肌の色が階級の標識でなくなった後になっても、ヴァルナは階級の意味で使用され続けて今日に至っています。先住民の中の狩猟民などは、四姓制度の中の隷民とは区別され、この四姓制度の枠組みの外にある「ヴァルナをもたないもの」（avarṇa）すなわち不可触民（現在、公式には指定カースト民と呼ばれている）として、社会の中に組み込まれていきました。

この四姓制度は、日本では、「カースト制度」の意味に理解されることが多いようです。しかし最近の研究の成果によれば、四姓制度は、インド人の現実の社会生活において機能してきた制度というよりも、むしろカースト社会に大きな枠組みと秩序を与えてきた理念上の制度と見るべきものと考えられるようになりました。カースト社会において、日常生活に直接関係する組織は、ヴァルナではなく、じつは「ジャーティ」（jāti）なのです。これは「生まれを同じくする集団」を意味するサンスクリット語です。

一六世紀半ばころに、ポルトガル人がインドにやって来たとき、ヒンドゥー社会が多数の排他的な内婚集団から構成されていることを見出し、その集団を自分たちの言葉で「家柄」「種族」を意味するポルトガル語「カスタ」（casta）という語で呼んだのです。「カースト」（caste）は、カスタに由来する英語なのです。一つの村は、二〇〜三〇種類ものカーストから構成されています。ヴァルナは四階級のみですが、カーストは壺作りのカースト、洗濯屋のカーストなど、その数はインド全体で二〇〇〇〜三〇〇〇にものぼります。カーストは地域社会の日常生活において独自の機能を果たし、自治機能をもち、他カーストのものと一緒に食事をしないなど食事に関する固有の諸規則を守り、固有の職業を世襲する、排他的な内婚集団です。

以上のように、ヴァルナとジャーティとは異なった制度ですが、現実には両制度は密接に結合されています。各カーストは、四つのヴァルナおよびその枠の外に置かれている不可触民のいずれかに属しています。しかもカースト間には、四つのヴァルナ間におけると同様に、上下貴賤の関係が存在するのです。それゆえに、今日カースト制度という場合には、ヴァルナという大きな枠組みとその枠組みの中に取り込まれた多数のカースト集団と、枠組みの外に置かれた不可触民のカーストを含めた制度全体を指しているのです。このカースト制度は、社会的にはきわめて大きな問題ではありますが、インドの哲学諸体系ではほとんど議論の対象とはされてこなかったようです。

不可触民カースト出身のB・R・アンベードカル(1)（B. R. Ambedkar 一八九一〜一九五六）がインド独立後の初代ネルー内閣の法相に就任、憲法起草委員会委員長として活躍し、一九五〇年カースト制度を認めない階級差別なき世俗国家を標榜する新憲法が制定されました。とはいえ、長い歴史をもつカースト制度は、憲法ができたからといっても簡単に解消するものではありません。

しかしさしもの旧習も徐々に解消の方向に向かっていることを象徴するかのように、インド独立五〇周年に当たる一九九七年には、不可触民出身のK・R・ナーラーヤナンが圧倒的多数の連邦および州議院によって大統領に選ばれました。かれは不可触民たちによって、新たなアンベードカルとなって、インド人口の四分の一を占める最下層カーストを抑圧から解放することが期待されています。

(1)B・R・アンベードカル　ボンベイ大学を卒業後、アメリカ、イギリスに留学、一九二〇年ころから不可触民撤廃運動に身を投じ、社会改革団体や政党の結成などに従事した。また不可触民制の根源はヒンドゥー教にあるという理由から、死の二カ月前に数十万の大衆とともに四姓平等を説く仏教に改宗した。かれの仏教は、旧来の仏教と区別して新仏教（ネオ・ブッディズム）と呼ばれる。今日のインドに住む約六〇〇万人の仏教徒の大部分は新仏教徒たちである。

第六章 宇宙の創造 その二

最近の天文学によれば、宇宙が成立する以前には、全宇宙の中にある物資とエネルギーのすべてが、きわめて高い密度で一カ所に集まっていたということです。アメリカの有名な天文学者カール・セーガンは、それを多くの文明の創造神話に出てくるような、宇宙の卵になぞらえています。そしてそれは、宇宙全体、すなわち物資もエネルギーも、それらが入っている空間も、すべてがきわめて小さな体積の中に押し詰められていたものに、今から一〇〇億年か二〇〇億年前に、ビッグ・バン（大爆発）が起こって、宇宙が始まったといわれています（木村繁訳『COSMOS』下巻、朝日新聞社、一九八〇、一五二頁）。この近代科学の成果にもとづく宇宙論は、『リグ・ヴェーダ』の「ナーサディーヤ讃歌」を想起させます。

哲学的思索の最高峰――ナーサディーヤ讃歌

「ナーサディーヤ讃歌」は、三〇〇〇年前の『リグ・ヴェーダ』の詩人たちが到達した神話的思弁的宇宙論の総決算ともいうことができ、また汎神論的思索の極致を示している、ともいうことができるかと思います。

この讃歌の呼称は、冒頭の一句「そのとき無（asat）もなかった」（nāsad āsīt）に由来しています。「ナーサディーヤ」（nāsadīya）とも「ナーサダーシーヤ」（nāsadāsīya）とも「ナーサダーシーティヤ」（nāsadāsītya）とも呼ばれています。

この讃歌は、しばしば『リグ・ヴェーダ』における哲学的思索の最高峰を示したものである、といわれています。しかしこの古代的思惟が一体何を意味しているのか、またどのように解釈すべきか、なかなか困難な問題をはらんでいます。

ここでは、私の先生の一人で、終生『リグ・ヴェーダ』を心から愛した、アメリカのインド学者W・N・ブラウン博士（一八九二〜一九七五）の解釈を踏まえて説明することにしたいと思います。

武勇神インドラの悪魔退治

『リグ・ヴェーダ』の中には、宇宙の運行の神秘を理解して、宇宙の起源、とくに有《う》（sat）あるいは無（asat）の起源を追究し、この問題に対する解答を与えているいろいろな讃歌が見られます。おそらくそのような讃歌のうち最も古い考えは、武勇神インドラと悪魔ヴリトラの讃歌に見出されます。

この讃歌は冒頭で、宇宙の創造前の混沌状態を述べています。

それによると、その混沌状態のときには、あらゆる有の要素は存在するけれども、まだ組織化されておらず、無の中に隠されているのです。無においては、あらゆる有の要素は、中性名詞ヴリトラ（vṛtra）によって示される巨大な覆いあるいは障害のもとで抑制されており、この覆いあるいは障害は、この神話の中では、男性名詞ヴリトラすなわち悪魔ヴリトラ（Vṛtra）として擬人化されています。

他方では、拡張・解放・発展・変化の諸力もまた存在しておりました。その諸力は、その神話においては、母親アディティ（Aditi 解放）から生まれた神々であるアーディティヤ神群として擬人化されています。これらの神々は、悪魔ヴリトラと対抗することができず、天と地の子であるインドラの誕生を準備したようです。インドラは、自然の中に内在する強大な力を擬人化したものです。神々は、インドラが、対ヴリトラ戦の戦士となることを望みました。

神々の願望はいよいよ実現されることになります。インドラは生まれるやいなや、神酒ソーマを三杯（あるいは三樽あるいは三池）飲み、恐ろしい大きさに膨張し、夫婦であり、インドラにとって両親である天と地を引き離して、その間の空間一杯に拡張しました。そのとき、インドラは金剛杵ヴァジュラ（電光）という強力な武器で武装して、いよいよヴリトラを探し求めて出発します。

インドラとヴリトラの戦闘は熾烈をきわめましたが、ついにインドラがヴァジュラをヴリトラの背中に投げつけて殺しました。すると、今までヴリトラによって堰き止められていた宇宙の水が、幸福そうに鳴く七頭の牛の形をとって流れ出し、共同してその子供である太陽を身ごもりました。酷熱のインド、水を渇仰するインドを彷彿とさせる詩です。

このときはじめて、有は無と区別されました。有は水と太陽とを含み、したがって温かさ・光・湿度をもち、天則リタ（宇宙の理法 ṛta）が、その保持者であり、七柱のアーディティヤ神群の一つである司法神ヴァルナによって保たれます。有が完璧に機能するためには、すべての被造物はそれぞれの掟ヴラタ（vrata）を守らなければなりません。

他方、無は有の下に存在し続け、そこで悪魔たちは繁殖し、有に住むものたちを危険にさらすのです。無においては、有とは反対に、生活と成長に必須な条件が欠けており、寒く、暗黒であり、乾燥しています。そこでは天則は保たれず、無天則・無秩序です。

無とも有ともいえない宇宙の原初状態

「ナーサディーヤ讃歌」は、今述べたインドラ・ヴリトラ神話を踏まえているという確証はありませんが、この讃歌の詩人が、『リグ・ヴェーダ』の全讃歌の四分の一を独占しているほど人気のあるインドラの神話を知っていると考えた方が自然であろうと思われます。もし知っていたとすれば、この讃歌は、有と無とが分化する以前の段階、あるいは有と無が存在する以前の段階にまでも読者を引き戻します。換言すれば、有とも無ともいえない原初状態です（以下本章の「ナーサディーヤ讃歌」は中村元『ヴェーダの思想』四二六〜四二七頁）。

ナーサディーヤ讃歌（一〇・一二九）

一　そのとき無もなかった、有もなかった。空界もなかった、それを覆う天もなかった。なにものが活動したのか、だれの庇護のもとに。深くして測るべからざる水は存在したのか。

「そのとき」というのは、太初、すなわちこの宇宙がまだ原初状態にあったときを意味しています。

その原初状態は、「無」と呼ぶことはできない状態です。なぜならそこから現象界のあらゆるものが現れ出てくる可能性をもっているからです。それとは逆に「有」と呼ぶこともできません。なぜならそのときにはこの現象界のあらゆるものはまだ存在しないのですから。ここで詩人は、相対的な有無の観念を超えた、無とも有ともいえない、絶対的な、この宇宙の根源的存在を想定しているのです。

その原初状態においては、当然のことながら、現象界に属する空界もなく、その空界を覆うべき天もなく、宇宙のいかなる部分も存在しなかったのです。詩人は、「なにものが活動したのか、だれの庇護のもとに」と問い、さらに「深くして測るべからざる水は存在したのか」という問いを発しています。

「かの唯一なるもの」

二　そのとき死もなかった、不死もなかった。夜と昼との標識もなかった。かの唯一なるものは自力により風なく呼吸した。これよりほかになにものも存在しなかった。

その原初状態においては、まだ死も不死もなく、夜と昼を示す標識、すなわち太陽も月も星も存在しませんでした。第一詩節の「なにものが活動したのか、だれの庇護のもとに」という詩人の質問に対して、第二詩節において、そのとき「かの唯一なるもの」(tad ekam 中性形)が、風によって触発されることもなく、自分自身の力で呼吸していた、と答えられています。「かの唯一なるもの」のほかにはなにものも存在しません。「かの唯一なるもの」のみが唯一の存在でした。これこそが、前の詩節で無とも有とも呼べない根源的存在と考えられていたものです。

注目すべきことは、それ以前の創造讃歌では、世界創造者が人格的なものとして表象されていたのですが、この讃歌では、非人格的な、中性的な形而上学的原理として登場していることです。これは『リグ・ヴェーダ』の中に見られる人格的な神ではなく、そのような神々を超えた存在です。しかし自分自身で呼吸していた、という表現の中に、まだその人格的な存在の名残をとどめているように思われます。

三　宇宙の最初においては暗黒は暗黒に覆われていた。一切宇宙は光明なき水波であった。空虚に覆われ発現しつつあったかの唯一なるものは、熱の威力によって出生した。
四　最初に意欲はかの唯一なるものに現じた。これは思考の第一の種子であった。聖賢たちは熟慮して心に求め、有の連絡を無のうちに発見した。

詩人は、「かの唯一なるもの」がなにものであるかについて、明快な説明を与えていません。しかし、この第三～四詩節で、いかなる原初状態から「かの唯一なるもの」がいかにして生まれたのかを説明しています。

原初状態においては、まったくの暗黒状態であり、この一切は、区別づけるしるしのない水波であったといいます。第一詩節で発せられた「深くして測るべからざる水は存在したのか」という質問に対する返答として、「かの唯一なるもの」の前にすでに原水が存在したことを述べています。原水を想定する思想はこの後にもヴェーダ聖典に見られ、ブラーフマナ文献（一一五頁参照）に見られる創造神話は、しばしば「太初において宇宙は水であった」という言葉で始まっております。しかし「かの唯一なるもの」とこの水波とが、いかなる関係にあったのか、詩人は沈黙しています。いずれにせよ、「かの唯一なるもの」は、そのとき、空虚に覆われ発現しつつありました。

この「かの唯一なるもの」こそ、大ざっぱにいって、宇宙の中にある物質とエネルギーのすべてがきわめて高い密度で一カ所に集まった、宇宙の卵の一種の神話的・形而上学的表象と見ることもできるかも知れません。

さらに詩人は、「かの唯一なるもの」は、自分自身の熱の力、タパスによって生まれたといっています。タパスは、インドでは熱といっても、物理的な熱というよりも、苦行を意味する言葉です。自分自身の苦行から発する熱力によって生まれたというのです。これはいわば、ビッグ・バンに相当するのでしょう。この熱の力は、「かの唯一なるもの」の思考マナス（心、思考力）に起こった、思考の最初の「種子」である「意欲」にもとづいているといわれています。この「種子」と訳されている「レータス」というサンスクリット語は「精液」をも意味する言葉です。また「意欲」と訳されている「カーマ」というサンスクリット語は「愛欲」「性愛」などをも意味しています。したがって、詩人は、「かの唯一なるもの」の心に生じた強烈な愛欲＝精液の熱の力によって宇宙の創造が開始されたと考えているかのように想定されます。宇宙の創造は、唯一なるもの（と水）―思考―意欲―熱力―現象界の順序で展開したと考えられているように思われます。

また詩人はこの現象界の一切万有の展開を生殖作用になぞらえており、「かの唯一なるもの」の中に起こった自己生殖と見なしているように思われます。すでに第二詩節でその兆候はありましたが、この第四詩節において、中性的原理は一転して人格的に表象され、しかも人間の生殖・性愛活動になぞらえて宇宙の創造が考えられています。このように中性的原理と人格的原理とが明確に区別されない傾向は、ウパニシャッドの解釈学として発展した後世のヴェーダーンタ哲学においても見られます。

「かの唯一なるもの」から展開する宇宙

宇宙の創造が開始されたとき、有と無の分化が起こり、有と無とは相対立し、水と油のように関係のないもののように見えるようになってしまいました。しかし、霊感ある聖賢たちは、熟慮して有と無とは本来不可分離の関係（bandhu）にあることを発見したのです。

五　かれら（聖賢）の紐は横に張られた。下方はあったのか、上方はあったのか。はらませるもの（男性的な力）があった、威力（女性的な力）があった。本来存する力は下に、衝動力は上に。

第五詩節は、第四詩節をさらに敷衍しているように思われます。その聖賢たちは、唯一の存在に上下の区別はないけれども、自己生殖を行う男女の二力の間に、上下の判断の基準となる紐尺を横に張り、その紐尺の上と下とがあるかどうか、またその上に何があり、その下には何があるかを見きわめました。そのとき、上にははらませるもの、すなわち射精者、能動的男性力を、下に威力すなわち受動的女性力を見出します。聖賢は、さらに正常な性交の体位を念頭に置きながら、両原理の性的な交渉によって、宇宙が創造され、生まれると考えているようです。

六　だれが正しく知る者であるか、だれがここに宣言し得る者であるか。この展開はどこから生じ、どこから来たのか。神々は宇宙の展開より後である。しからば展開がどこから起こったのかを、だれが知るであろうか。

七　この展開はどこから起こったのか。かれは創造したのか、あるいは創造しなかったのか。最高天にあって宇宙を監視する者のみがじつにこれを知っている。あるいはかれもまたこれを知らない。

最後の二詩節において、詩人は今までの自信ある態度から、従来尊敬を払われてきていた神々を、宇宙の展開の後に出現したとして、低い地位に落とした自責の念からでしょうか、一転して、自信を喪失したかのように、この創造がいずこから起こり、誰が創造したかについての疑問を提出しています。さらにはまったく唐突に、最高天にいて世界を監視しているものについて、「かの唯一なるもの」との関係を明らかにすることなく言及し、断定を避けて、疑問のままこの讃歌を終えています。

いまだ神話の領域を脱することなく、不明なことが多くて、隔靴掻痒の感を免れませんが、『リグ・ヴェーダ』の哲学的・汎神論的思索は、「ナーサディーヤ讃歌」において頂点に達したということができると思います。ここに登場する「かの唯一なるもの」は、有も無も超越した中性的原理であり、全宇宙はこの原理から展開します。『リグ・ヴェーダ』の中には、「かの唯一なるもの」とは別の中性的原理「唯一の有」からの創造を暗示している讃歌もありますが、まだ漠然としています。しかしこの「ナーサディーヤ讃歌」は、一元論思想を明白に表現しているといってよいと思います。この一元論思想は、後世ウパニシャッドにおいて著しい発展を示し、インド哲学の主流を形成するヴェーダーンタ学派によって継承され、インド思想の主流を形成するに至るのです。

哲学的宇宙論

インド哲学展開の古代第二期になると、哲学諸体系が成立しますが、それとともに上述のような神話的宇宙生成論に満足することなく、哲学的な宇宙論が説かれるようになります。古代インドにおいては、次のような三種の代表的な宇宙論があります。

第一は、開展説であって、因果論として、原因の中にすでに結果が潜在的に含まれているとする学説である因中有果論《いんちゅううかろん》に立脚しています。この因中有果論においては、原因と結果とは本質を同じくするものであって、原因と結果とはそれぞれ独立したものではなく、結果は原因の展開したもの、あるいは変化したものにほかならないとしております。これはインド哲学諸派のうち、主としてサーンキヤ学派と初期ヴェーダーンタ学派の見解です。サーンキヤ学派は、宇宙の究極の原理として、純粋精神プルシャと根本物質プラクリティの二元論を主張し、宇宙はこの両原理から展開したと主張しています。他方、初期のヴェーダーンタ学派は、ちょうどこの『リグ・ヴェーダ』の「かの唯一なるもの」に相当する宇宙の根本原理としてブラフマンを想定し、現象世界の一切は、このブラフマンから展開したものとする一元論を唱導しております。

第二の宇宙論は集合説です。この理論がもとづく因果論は、結果が原因の中に含まれていることを否定する因中無果論です。これによれば、原因と結果とはまったく別個のものであり、結果はまったく新しい存在であるというのです。あるいは変化したものではなく、結果は種々の原因から生じ、あらゆるものは原子の集合から生ずるとしています。この理論は、原子論を説くニヤーヤ学派・ヴァイシェーシカ学派によって主張されました。

第三の宇宙論は仮現説《けげんせつ》です。従来、この呼称はシャンカラ以後の不二一元論《ふにいちげんろん》派の宇宙論を特徴的に示しているものとして用いられてきたものです。宇宙の根本原理は唯一の実在であるブラフマン（梵《ぼん》）のみであり、一切の現象世界は無明《むみょう》から生じ、本来は幻のように実在しないとする説をいいます。この仮現説は、因果関係から見れば、因中有果論から発展したもので、開展説とは切り離し得ない関係にあります。

第七章 宇宙の理法とマーヤー

宇宙の理法リタ

前に、『リグ・ヴェーダ』の中の「ヴァルナ讃歌」を紹介しましたが、そのとき「天則リタ」、すなわち宇宙の理法に言及いたしました。「リタ」（ṛta）というサンスクリット語は、「動かす、あるいは組み立ててはめ込む」を意味する動詞の語根 ar または ṛ から派生した名詞です。中性の名詞としては「神々に定められた不変の秩序、神々の掟」を意味するといわれています。リタの観念が生まれたのは、自然界の天体の運行や四季の規則正しい循環を観察した結果であると推測されています。リタが、「季節」を意味する「リトゥ」（ṛtu）と語源を同じくしていることは興味ある事実です。

『リグ・ヴェーダ』の詩人たちが、すでに「宇宙の理法」の観念をもっていたことは注目すべき事実ですが、この観念はインドで形成されたものではないようです。ゾロアスター教の聖典『アヴェスター』に出てくる「アシャ」（aṣa）は、『リグ・ヴェーダ』のリタに対応し、同じ語源に由来していることから判断すると、インド・アーリヤ人たちが、インドに進入する以前に、イラン人と共同して住んでいた時代に形成された観念のようです。したがって、その起源は紀元前二、三〇〇〇年にまで遡るものと推定されています。

天則は含蓄の多い言葉であり、秩序・均整・規律・真実・正義・善良・光明などの意味を包含しています。天則は、第一に天体の運行・四季の循環など大宇宙の秩序として現れます。暁紅や太陽や月などが規則正しく現れるのは、すべて天則の実現にほかならないと考えられています。天則は第二に、祭式全般の規律として、第三に人間世界の倫理道徳の法則として現れます。天則は、これらの三つの領域を支配する超越的実在と見なされています。

天則の道に従う善人の生活法は誓戒（vrata）と呼ばれます。天則は、現実世界において上述の三つの領域において必ずしも実行されるとは限りません。天則を犯すこと、天則リタの反対を「アヌリタ」（anṛta）、すなわち「反則」といい、自然界の異変、祭式における過誤、人間が犯す罪悪の三種の反則を総括しています。

では、この忌まわしき罪悪はなぜ人間社会に存在するのでしょうか。キリスト教によれば、人間が生まれながらもっている罪悪の傾向は、アダムの堕罪の結果である原罪に由来するとされています。ご存じのように、旧約聖書『創世記』（第二〜三章）に人類の始祖であるアダムとその妻イブの話が記されています。アダムは、神にかたどって創造されたとか、また土のちりで造られたともいわれています。イブはアダムのあばら骨から、そのよき助け手として造られました。この人類の始祖アダムとイブが神の命に背いて、神の恩恵に満たされた原初の幸福な状態から、原罪を負って楽園を追放され、現世の苦悩と死にしばられるようになってしまったのです。しかもその原罪の結果が、以後の人類すべてに引き継がれることになったとされています。原罪の観念は、パウロやアウグスチヌスらによって強調され、そこからの救いは神の恩恵にのみよるとされています。

他方、『リグ・ヴェーダ』によれば、人間は、その人間の性のゆえに神々や祖霊（人間）に対して罪を犯すことがあり、それを贖うことができるとされています。罪は客観的物質として考えられており、したがってその罪が贖われるまで存続し、移動性・遺伝性をもっているために、自己の罪のみならず、他人の罪、ことに父祖の罪を継承するとされています。

しかしこの罪の内容は、後代のインドにおけるように生きとし生けるものを殺すことではなく、アーリヤ人の宗教を奉じないこと、祭官への布施を惜しむこと、窃盗・姦淫・バラモン殺害などであり、欺瞞・虚言は非常に非難されており、罪の基準は、どちらかといえば、バラモンの立場から決められているようです。

天則の擁護者ヴァルナ

前述のように、この天則の擁護者、律法神、人倫の維持者、人間の道徳を司る神としてとくに重要な神はヴァルナ神です。『リグ・ヴェーダ』の神々は、人間と相互依存の関係にあり、神々と親しい立場に立って神々に祈願したのですが、このヴァルナ神は唯一の例外でした。かれは高度に倫理的であり、罪人を厳しく処罰し、神であろうと、人であろうと、宇宙の理法である天則を侵犯することを許しませんでした。

神々は人間の内心を知り、悪人の悪行を罰します。とくに司法神ヴァルナは、神々と人間との王、普遍的秩序の支持者であり、人間の真実と虚偽とを識別します（『リグ・ヴェーダ』七・四九・三）。かれは、天則の守護者として、日月の運行など宇宙のあらゆる現象を主宰し、常に密偵を放って罪悪をあばき、縛めの綱で虚偽を語るものを捕縛するとして、とくに恐れられていました。しかし他方ではヴァルナ神は、慈恵の神でもあり、人間が真に懺悔したならば、その犯した罪を許すものでもあると考えられていました。ヴァルナ神に呼びかけた讃歌は、つねに罪の許しを請う祈願を含んでおります。

ヴァルナ讃歌（五・八五）

一　あまねくしろしめす王、高きヴァルナに、崇高・深遠にして、〔かれ〕に好ましき聖句を高らかに響かせよ。その神は大地を太陽のための敷物として剝《は》ぎひろげた、――屠殺者が獣の皮を剝ぐように。

二　かれは木々の上に空間を遠くひろげた。ヴァルナは置いた、――競走の馬のなかに勝利の賞を、牝牛のなかに乳を、心臓のなかに熟慮を、水のなかに火を、天に太陽を、山にソーマ〔なる植物〕を。

三　ヴァルナは〔水〕槽の口を下方に向けて、天地両界と空界に注ぎかけた（＝雨を降らした）。それによって全世界の王は大地をうるおした。――雨が穀物をうるおすように。

四　かれは地の表面、天地をうるおす。ヴァルナが乳を欲するとき（＝雨を降らそうとするとき）、山々は雲を身にまとい、力に誇れる勇士たち（マルト神群）は、〔その手綱を〕弛《ゆる》める（＝降雨をはじめる）。

五　われは高らかに宣言しよう。――アスラの性《さが》をもつ、誉れも高きヴァルナの、この偉大なる幻力（マーヤー）を。かれは空間に立って、あたかも物指しによってのごとく、太陽によって大地を測量した。

（中村元『ヴェーダの思想』三二五～三二六頁）

ここに描かれているヴァルナは、「あまねくしろしめす王」であり、宇宙の創造者であり、支配者です。しかもヴァルナ神は「アスラの性をもつ」といわれ、アスラの代表です。しかしアスラは、『リグ・ヴェーダ』時代には、神々に対立する悪魔ではなく、いわゆる悪魔は前に言及したインドラの敵であるヴリトラ（Vṛtra）やヴァラ（Vala）でした。またインド・アーリヤ人が進入してくる前に住んでいた先住民に対する呼称として用いられた「ダーサ」（dāsa）または「ダスィユ」（dasyu）もまた悪魔として登場しています。

六　もっとも思慮深き神のこの偉大なる幻力を、なにものもかつて冒したことがない。――輝く水流が、注入しつつも、ただひとつの海を水をもって満たすことがないという〔不思議な幻力を〕。

七　ヴァルナよ、〔アリヤマン神の司る〕歓待によって結ばれた友、あるいは〔ミトラ神の司る〕契約によって結ばれた友、あるいはいつも友なる人に対し、あるいは兄弟に対し、あるいは同部落の住人、同族者または部外者に対し、ヴァルナよ、われらがかつていかなる罪を犯したことがあっても、それを解き赦《ゆる》せ。

八　あたかも賭博者がばくちにおいて欺瞞をなすように、〔われらが欺瞞を行なったとしても〕、それをわれらがたしかに知っていても、あるいはわれらが知らないでも、それらすべてを弛め〔結び目〕のように解け、神よ。そうして願わくは、ヴァルナよ、汝の親愛なる者となりたいのです。

（中村元『ヴェーダの思想』三二六～三二七頁）

賭博と賭博者

この讃歌の最後の第八詩節は、賭博と賭博者に言及しています。第三章に紹介いたしましたインドラ讃歌の中にも、ヴァルナ讃歌の中にも触れられていました。人類の賭事の歴史は古く、エジプトでは紀元前三〇〇〇～二〇〇〇年ころには賭事が行われていたといわれています。日本では大分遅く、七世紀の中ごろ、大陸から双六が伝えられたのに始まるとされていますが、インドにおいても、紀元前二三〇〇～一八〇〇年を中心に栄えたインダス文明の発掘品の中に、日本の骰子と同じ正六面体の骰子が発見されています。インドで最も有名な賭博は、おそらく国民的大叙事詩『マハーバーラタ』の題材になっている賭博、それもいかさま賭博であろうと思います。『マハーバーラタ』はパーンダヴァ五王子とかれらと従兄弟関係にあるカウラヴァ百王子との間に起こった大戦争の物語ですが、賭博がそもそも大戦争の発端となったのでした。

ヴェーダ時代に賭博に用いられたのは、「アクシャ」（akṣa）と呼ばれるもので、通例「骰子」、英語では「ダイス」（dice）と訳されています。しかし日本のいわゆる骰子とはまったく異なっており、「ヴィビーダカ」（vibhīdaka, vibhīṣaka）と呼ばれる小さな固い木の実でした。その骰子の使い方もまったく異なっており、賭博者はある容器から片手一杯のヴィビーダカをつかみ取り、その数あるいは残った数によって勝負を決したようです。すなわちその数が四で割れる数であれば「クリタ」と呼んで最高とし、次が「トレータ」、その次が「ドゥヴァーパラ」、割り切れずに一が余る場合が最低で「カリ」と呼ばれました。しかし残念なことには、賭博の競技法の詳細は分かっておりません。

古代インド人の宇宙観によると、バラタ族の末裔の住む国、すなわちインドには四時期があるとされていますが、その四時期の名称にこの賭博の用語が使われていることは、賭博の重要性を示唆しているように思われます。すなわち、このバラタ族の末裔の住む国には、(1)クリタ期(人間の一七二万八〇〇〇年)、(2)トレータ期(人間の一二九万六〇〇〇年)、(3)ドゥヴァーパラ期(人間の八六万四〇〇〇年)、(4)カリ期(人間の四三万二〇〇〇年)という四時期があるとされています。この四時期の中、(2)は(1)よりも、(3)は(2)よりも、(4)は(3)よりも、人間の信仰・道徳性・力・身長・寿命・幸福の点において低下していると考えられています。現在の人間は、紀元前三一〇二年に始まった暗黒期であるカリ期に住んでおり、この期の終わりに大帰滅が起こると信じられています。

『リグ・ヴェーダ』時代の人々にとっても、賭博は、悪いと知りながら、つい手を出し、負けた後で痛烈な後悔をするもののようです。その点、昔も今も人間はまったく変わっていないようで、ここにその関連において、「賭博者の歌」を紹介したいと思います。

賭博者の歌(一〇・三四)

一　風に吹かれてゆらゆらと、高き木になるヴィビーダカ、賭場《とば》にころころ躍るとき、われが心も

うきうきと。ムージャヴァットの山に生《お》う　ソーマの酒のほろ酔いに、さも似て心ときめかす
いとしきものはヴィビーダカ。

二　愚痴もこぼさでつつましく、目角《めかど》を立てしこともなく、われのみならず友垣に、心やさしき妻なりき。一つ残りのカリの目が、迷い心の運のつき、夫《おっと》大事の宿の妻、つれなやわれは棄ててけり。

三　嫁の親御の憎しみを　受くるわれには妻もまた、今はつれなきよその人。苦しむ者にふりくるは、いとしなさけの露ならで、あざける声のとげいばら、「老いさらぼいし駑馬《どば》のごと、賭博者づれに何の用。」

五　「われは再びたわむれの　骰子に手をふることあらじ、友は博奕におもむくも、われのみあとに残りなん」。誓う心のそらたのめ、鳶《とび》色なして場にまろぶ　骰子の音《ね》きけばいそいそと、媾曳《あいびき》いそぐ仇《あだ》し女《め》に、似たるわが身ぞおぞましき。

六　サバー（賭博場）をめざす賭博者は、「今日の勝利のこのわれに　ありや」とひとり尋ねつつ、心ときめく武者ぶるい。さあれつたなき運の末、思いにまかせぬ骰子の数、憎や敵手《かたき》に味方して、クリタは敵に奪われつ。

七　奇《く》しくあやしき骰子の性《さが》、触るれば痛き棘《とげ》や針、頼みがてなる偽りに、あまたの人を悩ましつ。骰子のあやかし身にうけて、心迷いし賭博者は、甘き蜜もて塗りしごと、こよなきものといつくしむ。

一〇　悲しきものは賭博者と、契りし妻のなれのはて。ところ定めぬさすらいの　子ゆえに母のもの思い。つもる負債《おいめ》の重ければ、財《たから》求めておずおずと、よからぬ謀計《たくみ》胸にひめ、夜うかがうは他人《ひと》の家。

一一　尾羽うちからす賭博者は、仲むつまじき人妻と、心地よげなる棲家《すみか》とを、見るも悩みのたねなれや。骰子を栗毛の駒とみて、車につけし朝まだき、たのむ武運のつたなくて、夕べにあわれ物乞いと　なりて炉《ろ》の辺《へ》にうなだれつ。

一二　集《つど》うや骰子の大いなる　群れを率ゆる旗頭、中にひときわすぐれてし　骰子の王者に両の手のすべての指をさし伸べて、いとおごそかにわれ誓う、「ここにかくせる財《たから》なし、うそ偽りはあらじかし。」

一三　「な耽《ふけ》りそよ、かりそめの　骰子の遊びの手なぐさみ、まめしく執《と》れよ鋤《すき》や鍬《くわ》、もてる財を尊びて、満ちわい足らえ賭博者よ、そこに牛あり妻子あり」。畏《かしこ》き神のサヴィトリは、かくもわが身に宣《の》り給う。

一四　やさしき友の情もて、われに恵みたれ給え。むごたらしくもおぞましき　呪いをかくることなかれ。なれが怒りの鎮まりて、仇なす心いまぞ去れ。鳶《とび》色なせる骰子のわな、今よそ人の上にあれ。

（辻直四郎『インド文明の曙』一〇八〜一一一頁）

賭博者の心理をなんと見事に描いているではありませんか。この讃歌は博奕の呪縛から解放されることを目的としたものと考えられています。

ヴァルナ神は人間の王であるばかりではなく、神々の王でもありましたが、その権威の源泉は、宇宙の理法である天則を守り行う者であるというところにありました。しかしながらこの天則は、『アタルヴァ・ヴェーダ』の時代になると、その重要性を著しく失います。ブラーフマナの時代になって祭式万能主義的風潮が盛んになると、祈禱・祭式の神秘力を象徴するブラフマンがますます重要視されていくのに反比例して、天則の位置も神々の位置もますます低下し、天則はほとんど影をひそめることになります。

また神々の掟を意味したダルマン（dharman）が、ダルマ（dharma）として、主として人間の行動の規範・正義・義務・徳行を意味するようになり、後世の「法」の概念に接近します。ウパニシャッドの時代になると、天則はまったく重要性を失い、一時は宇宙を支配する絶対的力とも見なされた祭式も神々も、その価値を失墜します。それに代わって根本原理の実在性が強調され、真実が最高ブラフマンと同列に置かれ（『マハーナーラーヤナ・ウパニシャッド』一・六、一二・一）、後述する業《ごう》・輪廻《りんね》の思想が倫理・道徳の領域において重要な位置を占めることになります。またダルマも、ウパニシャッドにおいて重要性が高まり、宗教・倫理・社会・制度に関して、真・善・徳を包摂した概念となります。

幻力（マーヤー）

先に引用した「ヴァルナ讃歌」に見られるように、ヴァルナ神は、天則の支持者であるとともに、

第五、六詩節では、マーヤー（幻力 māyā）をもっているとされています。この言葉は、「測る」を意味する動詞の語根 mā から派生した名詞で、本来「つくるはたらき」を意味しています。神秘的で超自然的な能力であり、ヴァルナ神のほか、ミトラ神や火神（Vahni）ももっているとされています。インドラもまたこの超自然的な力をそなえています。

一八　かれは模像としてそれぞれのかたちとなった。それのみが、かれのかたちであるとして、観ずべきである。インドラはかれのマーヤーの力によって多くのかたちあるものとして現われる。かれの百の十倍の馬どもは軛を結びつけられて〔準備ができている〕。

（『リグ・ヴェーダ』六・四七・一八、中村元『ヴェーダの思想』三三七頁）

インドラは、そのマーヤーの力によって、自由自在に変幻し、欲するがままの形をとることができます。仏教の開祖ゴータマ・ブッダの生みの母親は摩耶夫人《まやぶにん》といわれますが、これは Māyā の発音を写したもので、ゴータマ・ブッダのような偉人を産んだ女性に何かそのような神秘的な力を認めてそのように名づけられたのでしょうか。後代になりますと、種々の精霊や悪魔やヴリトラなどもこのマーヤーをもっていると考えられるようになりました。この意味において、マーヤーは、奸計や欺瞞をも意味するようになります。

マーヤーは、あまり哲学的な術語のようには見えませんが、後代のヴェーダーンタ学派の中の主流を形成するシャンカラ派では、独自のマーヤー論を説き、シャンカラ並びにかれの後継者の哲学は、しばしば「マーヤー論」（Māyāvāda 幻影論）と呼ばれています。現象世界はマーヤー（幻影）のように、実在しないと主張するようになり、さらには宇宙の素材である質料因と見なされ、現象世界の一切はこの質料因から展開したものである、と主張するようになります。

第八章 死後の世界

科学技術のめざましい発展をとげた今日でも、弔辞の末尾で死者の冥福を祈ったり、チベットの死者の書が話題になったり、臨死体験の研究がもてはやされたりして、人間の死後の世界についての関心はなくなっていないように思われます。インドのヴェーダの時代の人々は、果たしてどんな来世観をもっていたのでしょうか。

死者の支配者ヤマ

すでに見たように、『リグ・ヴェーダ』においては人間の起源は特別の位置づけがなされておらず、ただ他の生物・無生物と並べて、偶然的に言及されているにすぎません。ただし後に述べますように、人間の始祖はマヌ（Manu, Manus）とされています。このマヌは、生者と関係しますが、その兄弟であるヤマ（Yama）は最初の死の道の開拓者であり、天界において死者を支配していると考えられています。後世ヤマの王国は次第に地下にくだって地獄となり、ヤマは仏教にも取り入れられて閻《えん》魔《ま》天・閻魔大王となります。しかし『リグ・ヴェーダ』においては、死者の王として最高天にあり、地上で得がたい快楽に満たされた理想郷であるヤマの王国に君臨しています。またヴァルナ神やアグニ神（火神）などの有力な神々と並べて言及されていますが、しかし直接「神」と呼ばれることはなく、あくまでも死者の王とされています。ヤマという言葉は、「制御」「統制」を意味し、死者を支配する王を指しています。かれの父はヴィヴァスヴァット（Vivasvat）、母はトヴァシュトリの娘サラニュー（Saranyū）といわれています。

理性的な兄ヤマと情熱的な妹ヤミー

興味深いことに、ヤマという言葉は、「双子」をも意味し、ヤマは双子の男性で兄の名前であり、女性の妹の名前はヤミー（Yamī）といいます。『リグ・ヴェーダ』には、この二人の兄妹――理性的な兄と情熱的な妹――の間に交わされた興味深く、艶かしい会話が、一篇の美しい詩として残されています。その一部を引用してみましょう。

ヤマとヤミーとの対話（一〇・一〇）

一 （ヤミーの言葉）われは友（ヤマ）を友情（友の務め）に返り来たらしめんと願う、〔たとい〕彼は多くの〔空間〕、海を越えて去りたり〔とも〕。指導者は父のため孫を生むべきなり、地上において遠く〔未来を〕おもんばかりて。

二 （ヤマの言葉）ながが友はかかる友情を欲せず、血族の女子《おなご》（妹）が異族のもの（妻）となるがごとき。偉大なるアスラの子ら、勇士たち、天の支持者たちは、広く・くまなく監視す。

三　（ヤミー）これらの不死者（神々）は正にこれを欲す、唯一の応死者《おうししゃ》（人間の祖先ヤマ）の後裔《こうえい》を。なが意《こころ》はわれらが意に従うべし。なれは夫として妻の身体《からだ》に入らんことを。

四　（ヤマ）われらいまだかつて為《な》さざりしこと、いかでか今〔なすべきや〕。〔今まで〕天則（正しいこと）を語りつつ、われら〔今〕虚偽（不正のこと）を喋々《ちょうちょう》するにいたらん。水の中なるガンダルヴァと水の精女（水精アプサラス）、これわれらが親縁（起原）なり、これわれらが最高の血縁なり。

一〇（ヤマ）実《げ》にかかる後の世代も来たるべし、そのとき同胞が同胞にあるまじき行為をなさんところの。牡牛なす者に〔なが〕腕《かいな》を手枕《たまくら》とせよ。われよりほかの者を、美しき人よ、夫として求めよ。

一一（ヤミー）兄とは何ならん（何の益があるか）、もし保護〔の力〕なしとせば。妹とは何ならん、もし破滅の起こるとせば。愛情に駆られてわれは、くり返しこれを喋々す、〔なが〕身体《からだ》をわが身体とまじわらしめよと。

一二（ヤマ）われ実《げ》になが身体を〔わが〕身体とまじわらしめじ。姉妹《きょうだい》を犯す者を人は悪漢と呼ぶ。われよりほかの者と快楽を味わえ。なが兄は、美しき人よ、これを欲せず。

一三（ヤミー）ああ、ヤマよ、なれは怯懦者《きょうだしゃ》なり。われは実《げ》になが意をも心をもかち得ざりき。必ずや他の女子《おなご》がなれを抱《だ》きしめん、腹帯の車に繋がれし〔馬〕におけるがごとく、蔓草《つるくさ》の樹木におけるがごとく。

一四（ヤマ）なれはいみじく他の者を、ヤミーよ、他の者はまたなれを抱きしめん、蔓草の樹木におけるがごとく。あるいはなれ彼が意を求めよ、あるいは彼なが〔意〕を。しかしていとも吉祥なる和合をかち得よ。

（辻直四郎訳『リグ・ヴェーダ讃歌』二八三〜二八五頁）

妹ヤミーは、激情もだしがたく、人類の子孫を永久に栄えさせることを口実に、じつの兄を誘惑しようとします。しかし兄は近親相姦の誹りを恐れて、それを強く拒絶します。わが国の閻魔大王のイメージからはおよそ想像できない情景ではないでしょうか。

不死の霊薬

人間には死は不可避ですが、ブラーフマナ文献では、不死と見なされている神々すらも、ときとして太初においては不死ではなかったといわれています。神々が不死であるのは不死の霊薬「アムリタ」（amṛta 甘露）を飲んでいるからであるとされています。『リグ・ヴェーダ』の人々は、不死の霊薬を探し求め、それを神酒ソーマ（soma）に見出します。

ソーマはときとしてアムリタと同一視され、『リグ・ヴェーダ』では、神として扱われています。ソーマに捧げる讃歌も多数作られ、一一四讃歌を含む『リグ・ヴェーダ』第九巻は全部ソーマ讃歌によって占められています。

しかし「ソーマ」と称する植物が何であったのか、じつは今はもう分からなくなっています。従来はソーマと称する植物を圧搾し、羊毛のこし器で濾過し、発酵させて得た一種の酒であると考えられていました。しかし最近になってこの通説を覆したのはワッソン（R. Gordon Wasson）で、ソーマはベニテングダケという毒キノコである、という研究でした。この説の真偽のほどは私には判断しかねますが、今日ではかなりの支持を得ているように思われます。

死者を送る

当時の人々は、不死の霊薬を見出し、それを飲んだとしても結局は死を免れ得ないこともまたよく知っておりました。しかしいまだ厭世的な人生観・世界観をもっておらず、自分自身のためにも生に執着し、死を恐れ、また子孫のためにも長命を願っていました（以下本章の「葬送の歌」（一〇・一八）は辻直四郎訳『リグ・ヴェーダ讃歌』二四九〜二五〇頁）。

葬送の歌（一〇・一八）

一　死よ、かなたの道をとりて去れ。神々の道と異なる・汝みずからの〔道をとりて〕。眼あり・耳ある汝にわれは告ぐ、われらの子孫を害《そこな》うことなかれ、また勝れたる男子を。

二　死の足跡を消しつつ、寿命をさらに長く延ばして、行きたるがゆえに、汝らは子孫・財宝もて繁昌し、清浄・無垢の者たれ、祭祀にふさわしき者たちよ。

四　生ける者のため、われらこの防塞を置く。彼らの中の他の者（死者以外の者）は、この境界にいたることなかれ。彼らは豊かなる百歳を生きよ。〔この〕山（前記の防塞）により、彼らは死を遮蔽《しゃへい》せよ。

人が死ねば、『リグ・ヴェーダ』時代にも、今日のヒンドゥー教徒のように、火葬が原則でした。遺骨は壺に納めて、地中に埋められました。この火葬の習俗は、仏教とともに日本に伝えられました。死者が出た場合には、死者が天界に赴くことを心から願うと同時に、第一詩節では、「われらの子孫を害うことなかれ、また勝れたる男子を」と述べて、死が自分たちの子孫をそこなわないようにと願い、かつまた死に勝れた男子を与えてほしいと祈っています。そのためには死の跡を拭い浄め（第二詩節）、後世になると木の枝で葬礼の参列者の足跡を消したようです。しかも生きている者のために、死を遮蔽する防塞——後世になると、シンボル的に石を置くようになりました——を置いて、死者以外のものが、その境界に近づかないことを願い、生存者が豊かな一〇〇歳の長寿を保つようにと祈っています（第四詩節）。

五　日々が順序に従いて来たるがごとく、季節が正しく季節に続くがごとく、かくのごとく、ダートリ（創造神）よ、彼らの寿命を調整せよ、年少者が年長者を置きさることなきように。

この第五詩節の、「年少者が年長者を置きさることなきように」とは、今も昔も変わらない、人類共通の願いではないでしょうか。

八　起て、妻よ、生存者の世界に向かいて。汝は息絶えたるこの者の傍《かたわ》らに横たわる。来たれ。汝の手を握りて求婚する夫と、ここに婚姻の関係に入れり。

九　われらの支配・名誉・威力のために、死者の手より弓を取りつつ、〔われは告ぐ、〕汝（死者）はかなたにあり。われらはここにありて、願わくは、勝れたる男子に富み、一切の敵意・悪意にうち勝たんことを。

この第八、九詩節は興味深い内容を含んでいます。多くの古代人は寡婦殉死の風習をもっていました。すなわち死者の死体と一緒に、その死者の妻や馬やそのほか生前に死者が愛した所有物を埋めたり、焼いたりする習慣をもっておりました。それは死者がかつて愛したり、必要としたりしたものすべてを手に入れることができるようにするためでした。この第八詩節は、これから夫の死体を火葬するに当たって、寡婦が火葬の薪の上で死んだ夫の死体の傍らに横たわっていますが、死んだ夫は王侯・武人であったらしく弓を手にしています。そのとき亡夫の弟が、支配・名誉・威力のために死者の手から弓を取って、その寡婦に、「生存者の世界に向かってたて」といって助け起こして、亡夫の弟と再婚する慣習が生まれたことを物語っているのです。死んだ兄はあの世にあって弟夫婦に近づくことなく、弟夫婦はこの世にあって、すぐれた男子がたくさん生まれ、一切の敵意と悪意にうち勝つことができるように祈願しています。この場合には寡婦は実際には焼かれませんが、しかしこの詩節は、かつて寡婦が実際に焼かれ殉死した時代があったことを示唆しているものと推定されています。

これとは別にインドで「サティー」（satī）の習慣がかつて行われていたことはよく知られているこ

とです。サティーは「寡婦焚死」の意味に用いられますが、夫の死に殉じて火の中に身を投ずる「貞女」を意味しています。ヴェーダ時代の末期には、まだ子供もいない寡婦に限って再婚も認められていましたが、後代になりますと幼児結婚の結果、幼児で寡婦となった少女すら再婚が禁じられるようになりました。しかも寡婦ということで悲惨な生活を余儀なくさせられるようになり、生きながらえて苦難の余生を送るよりも、むしろ夫とともに死ぬことを願って、荼毘《だび》の火中に身を投ずる場合もあったかも知れません。しかしヒンドゥー教徒の間にひろく普及していたとは考えられないし、法的にも慣習的にも強制されていたとは思われません。とはいえ寡婦が自ら進んでサティーとなることは、非常に賞賛され、家族の名誉とされておりました。これはサティーとなることがまれであったことを逆に示唆しているように思います。しかし一九世紀の初めころ、サティーは非常に流行し、ヒンドゥー教徒の改革論者たちが強くその習慣の廃止を唱え、インド在住の西洋人たちも強調し、一八二九年にインド総督からサティー廃止令が出されました。

もう一つ別の葬送の歌では、このようにうたわれています。

葬送の歌（一〇・一六）

一　アグニ（火神）よ、彼（死者）を焼き尽くすなかれ、過熱するなかれ。彼の皮膚を焦《こが》すなかれ、〔彼の〕肉体を。汝が〔彼を〕調理し終りたるとき、そのとき彼を祖先のもとに送れ、ジャータ・ヴェーダス（アグニの称呼）よ。

二　汝が〔彼を〕調理し終りたるとき、そのとき彼を祖先に渡せ、ジャータ・ヴェーダスよ。彼が生気の嚮導《きょうどう》（他界への移行）に赴くとき、そのとき彼は神々の従属者とならん。

（辻直四郎訳『リグ・ヴェーダ讃歌』二四七頁）

火に焼かれる遺体を前にして、火神に、「焼き尽くすなかれ、過熱するなかれ。彼の皮膚を焦すなかれ」と、死者に対する切々とした惻隠の情が素直に表白されており、深い共感を覚えます。近しい関係の人の葬儀の折りであればあるほど、その遺体が焼き場の釜の中に入れられるとき、同じような心境となることがあるのは、私だけでしょうか。火が、肉体を調理し終わったならば、祖先のもとに送り届けてくれるようにと願っています。

楽天的な来世観

死者の霊魂（asu）は、火神アグニによって、先に亡くなった祖先の人々のところへ連れて行かれると考えられています。『リグ・ヴェーダ』の別のところで、死者は、火葬の煙とともに天界に赴くのですが、その遠い道中を、プーシャン神が保護し、サヴィトリ神が案内するともいわれていいます（『リグ・ヴェーダ』一〇・一七・四）。また別の讃歌では、火葬に付された人々と付されない人々とがあったことも記されていますが（『リグ・ヴェーダ』一〇・一五・一四）、火葬に付されなかった死体は、埋葬されたり、山林や野原に捨てられ、鳥獣の食べるにまかされたりしたのであろう、と推定されています。しかし火葬によるのが一般的でした。当時の人々は、一方では死者が天界に赴くことを願い、他方では、死の汚れを拭い浄めることにつとめ、親族は一定の期間、心身を清浄に保ち、死が生存者に及ばないように祈ったのでした。

しかし人間が死んでもまったく消滅してしまうと考えてはいませんでした。『リグ・ヴェーダ』の詩人は、神酒ソーマを飲めば不死となると考えていたようですが、しかし真の不死は現在のこの身体を捨てた後に達成されるとしています。どんな人でも死ねば必ずヤマの楽土に行くことができるかどうかに関しては、『リグ・ヴェーダ』では明瞭ではありません。地上の善行、ときに祭祀・布施の徳が報いられ、死後は最高天にあるヤマの世界に赴いて、緑陰・酒宴・歌舞・音楽に恵まれた楽土で神聖な祖先たちやヤマ、ヴァルナ神などと交わることをもって人間最高の理想と考えていたようです。また戦場で戦死した勇士もまた、天上の楽土に行くことができると考えられていました。しかし後代の閻魔大王に見られるような、死後の審判についてはとくに明確な記述がありません。

では、いわゆる悪人は死後どうなるのでしょうか。『リグ・ヴェーダ』では、まだ詳しく説明が見当たりません。地獄の観念は、『アタルヴァ・ヴェーダ』においてはじめて説かれるようになりますが、『リグ・ヴェーダ』の時代には、まだ明瞭とはなっておりません。しかし悪人は、暗黒の深淵の中に堕ちて消滅するものと考えられていたようです。

やがて死後に再び死ぬことを恐れるようになり、また地獄の観念も、後世次第に発達しますが、当時はまだ明確になっておらず、楽天的な人生観・来世観を抱いていたものと推定されます。

第九章 『アタルヴァ・ヴェーダ』の思想

『アタルヴァ・ヴェーダ』とは

『リグ・ヴェーダ』に続く『サーマ・ヴェーダ』『ヤジュル・ヴェーダ』の両ヴェーダは、哲学史の観点からは、あまり見るべきものはありません。ここに取り上げる『アタルヴァ・ヴェーダ』は、呪術用の讃歌が中心となっており、下層階級の風習・信仰をも伝えている点で重要です。

どのような呪文が含まれているのか、ちょっと見てみましょう。「万病を癒すための呪文」「病気を癒し、呪詛から解放せらるるための呪文」「熱病を癒すための呪文」「黄疸を癒すための呪文」「出血を止むるための呪文」「頭髪を増進するための呪文」「性欲を増進させるための呪文」「狂気を癒すための呪文」「長寿と健康を得るための呪文」「恋仇の女子を詛うための呪文」「夫の情人を克服するための呪文」「女子に熱烈な愛情を起こさしむるための呪文」「嫉妬から解放せらるるための呪文」「男子を懐妊するための呪文」「流産を防ぐための呪文」など、悩み多き現代人にとっても魅力的な呪文が並んでいます（辻直四郎訳『アタルヴァ・ヴェーダ讃歌』参照）。

また『アタルヴァ・ヴェーダ』は、このような呪術用の呪文ばかりではなく、その中に哲学讃歌をも含み、宇宙の最高原理について説いている点でも見逃し得ない文献です。『リグ・ヴェーダ』の哲学讃歌には及ばないとはいえ、『リグ・ヴェーダ』の末期に現れた哲学的思索の傾向を受けつぎ、一神教的ないしは一元論的傾向が顕著に見られ、宇宙の創造・展開の原因を最高原理に帰しています。

普遍的な時間カーラ

しかし最高原理の名称は、『リグ・ヴェーダ』のそれとはかなり異なっています。例えば、カーラ（時間）、ヴィラージュ（遍照者）、カーマ（意欲）、牡牛、牝牛、ヴラーティア（正統バラモン社会の外にある種族）、スカンバ（支柱）などです。

歴史意識に乏しいインド人（付章参照）が、カーラを宇宙の最高原理に据えていることは興味を引きます（以下本章の引用は辻直四郎訳『アタルヴァ・ヴェーダ讃歌』二〇二〜二〇四、二〇七〜二一七頁）。

カーラの讃歌（一九・五三）

一　カーラは七条《すじ》の手綱もつ馬として、〔車を〕牽く。千の眼《まなこ》を有し、老ゆることなく、種子に富む。霊感ある詩聖らは彼に乗る。彼の車輪は万有（一切の世界・生類）なり。

二　このカーラは七個の車輪を牽く。彼の車轂《しゃこく》は七個にして、彼の車軸は不死なり。この万有を出現せしめつつ、カーラは最高神として進み行く。

三　充満せる瓶（豊満の象徴）は、カーラの上に置かれたり。われらは彼が多くの所に遍在するを見る。彼はこの万有に面す。人は言う、このカーラは最高の天界にありと。
四 彼は実に万有を成立せしめたり。彼は実に万有を包囲せり。彼はその父にして、その子となれり。これに勝る威力は他にあることなし。

この詩節にある「彼はその父にして、その子となれり」という表現は、前に「原人プルシャの讃歌」で見たように神秘的循環発生で、ヴェーダの創造神話においてよく見られる常套の表現です。原初的、原理的な段階から、目に見える現象的、具象的な段階に進む過程を示しています。

五 カーラはかの天を生めり。またカーラはこれらの地界を生めり。既存のもの・未存のものは、カーラに促されて展開す。
六 カーラは地を創れり。カーラの中に太陽は輝く。カーラの中に万有は存在す。カーラの中に目は見はらかす。
七 カーラの中に意（思考力）あり。カーラの中に生気あり。カーラの中に名称はふくまれたり。カーラの到着するや、この一切の生類は歓喜す。
八 カーラの中に熱力（創造力）あり。カーラの中に最高物あり。カーラの中にブラフマンは含まれたり。カーラは万有の主なり。プラジャー・パティの父なりし彼は。
九 彼により促され、彼により産出せられて、この万有は彼の中に安立す。カーラはブラフマンとなりて、パラメーシュティン（「最勝者」＝プラジャー・パティ）を支う。

一〇　カーラは生類を創れり、カーラは太初にプラジャー・パティを。自生《じしょう》のカシアパ（創造力をもつ聖仙）はカーラより生じたり。熱力はカーラより生じたり。

この讃歌において、カーラは、最高神（第二詩節）、万有の成立者（第四詩節）、天・地界・既存のもの・未存のものの創造者（第五詩節）、ブラフマンを含むもの、万有の主、プラジャー・パティの父（第八詩節）、ブラフマン（第九詩節）、生類の創造者、プラジャー・パティと自生のカシアパの創造者（第一〇詩節）などといわれ、宇宙の根本原理ブラフマンと同定されています。

しかし時間とはいえ、ここに見られる時間は、日常経験する時間ではなく、変遷を超越した普遍的な、いわば時間なき時間を指しているようです。後世、ヒンドゥー教の主要な神の一つシヴァ神の別名が「マハーカーラ」（偉大なる時間）といわれるようになる背景がここにあるように思います。インドにおいて時間が根本原理の地位にまで高められたのは、農耕社会の発展と関係があるといわれています（中村元『ヴェーダの思想』四七六頁）。

宇宙の大支柱、スカンバ

『アタルヴァ・ヴェーダ』の哲学讃歌の中で、最も注目すべきものは「スカンバ讃歌」だと思います。「スカンバ」は、宇宙を支える支柱を意味しています。

スカンバ讃歌（一〇・七）

七　その上にプラジャー・パティ（「造物主」）が、一切の世界を支えて固定したるそのスカンバを説け。そはそもいかなるものなりや。

九　スカンバは幾何の部分をもって、既存の中に進入せりや。その幾何が未存のために伏在するか。その一支分を千分したるとき、スカンバはその幾何の部分をもって、その中（現象界）に進入せりや。

一〇　その中に人がもろもろの世界と、宝蔵と、水（太初の原水）と、ブラフマン（最高原理）とを知り、その中に無と有とを含むそのスカンバを説け。そはそもいかなるものなりや。

一七　人間の中に在るブラフマンを知る者は、パラメーシュティン（「最勝者」）を知る。パラメーシュティンを知る者ならびにプラジャー・パティを知る者、最も善きブラフマンの具現者を知る者、彼らは同時にスカンバを知る。

二二　そこにアーディティヤ神群・ルドラ神群・ヴァス神群が相集まり、過去と未来と、すべての世界の安立するそのスカンバを説け。そはそもいかなるものなりや。

二四　その中に、ブラフマンを知る神々は、最高のブラフマンを崇拝す。それらの神々を如実に知らん者は、ブラフマンの具現者、〔真の〕知者となり得べし。

三五　スカンバはこの天地両界を支う。スカンバは広き空界を支う。スカンバは広き六方位（四方と上下）を支う。スカンバはこの万有に入れり。

三八　偉大なる神的顕現は、万有の中央にありて、熱力（創造の原動力）を発し、水波（太初の原水）の背に乗れり（万有の展開）。ありとあらゆる神々は、その中に依止《えじ》す、あたかも枝梢が幹を取りまきて相寄るがごとく。

この讃歌では、造物主プラジャー・パティ（プラジャー＝子孫、パティ＝主）が、スカンバに一切の世界を支えて固定したといわれています（第七詩節）。プラジャー・パティは、初めはサヴィトリ神、あるいはソーマ神の称号として『リグ・ヴェーダ』に見られ、『リグ・ヴェーダ』時代の終わりころには独立の神の名前として登場し、子孫・家畜の増殖と保護に当たっていましたが、プラーフマナの時代には最高神として重きをなす神です。

スカンバは、人格神であるプラジャー・パティの背後にある根本原理であると推定されます。『リグ・ヴェーダ』の「かの唯一物」は無も有《う》も超越したものとされていましたが、このスカンバはその中に無と有とを含む（第一〇詩節）、といわれています。

ここでは天地両界・広大な空界・六方位を支える宇宙の大支柱です（第三五詩節）。また、アーディティヤ神群・ルドラ神群・ヴァス神群のみならず、ありとあらゆる神々も、過去も未来も、すべての世界がそこに安立する大支柱です（第二、三八詩節）。スカンバはプラジャー・パティの背後にあるのみならず、スカンバの各部分が現象世界の中に進入したとされています（第九詩節）。これは第五章で紹介しました『リグ・ヴェーダ』の解体された原人の体の各部分からの一切万有の展開を説く「原人プルシャの讃歌」（一〇・九〇）を思い起こさせるものがあります。ここに汎神論的な宇宙観を見ることができるように思います。またスカンバは、偉大なる神的顕現とも呼ばれ、また水波の背に乗っている（第三八詩節）などと、まだ神話的発想の域を脱していない側面を残しているように思われます。

注目を引くのは、スカンバが、後世ウパニシャッドで重要な位置を占めるに至る宇宙の根本原理ブラフマンと同一視されていることです（第一〇、一七、二四詩節）。本讃歌は、当時問題とされていた諸原理を、スカンバの名のもとに、統合しようと企てたのではないかと推測されています。

スカンバに対する讃歌は、今一つあります。次にそれを見ることにしましょう。

スカンバ讃歌（一〇・八）

一　過去および未来、万有を主宰し、天をその独占物とするこの最上のブラフマンに頂礼あれ。

四四　欲望なく、賢明にして不死、みずから生じ、活力に満ち、欠陥なきもの、すなわち、賢明にして老いざる常若《とこわか》のアートマンを知る者は、死を恐れず。

ここにおいては、スカンバはブラフマンと同一視されている（第一詩節）ばかりではなく、第四四詩節は、おそらくアートマン（我、個人の本体）を世界原理として認めた最初の発言であるといわれています。後に述べるように、やがてウパニシャッドで、アートマンの形而上学が展開されることになります。

人体はブラフマンの砦

また、ブラフマンに捧げられた讃歌（四・一）もあり、ブラフマンが根本原理として、しかも有と無との母胎として登場している（四・一・一）ことは、後代の思想の展開の上からも重要です。さらに人体の構造を讃える歌（一〇・二〇）においては、人間（プルシャ）に宇宙的な意義を与えられ、『リグ・ヴェーダ』（一〇・九〇）における原人プルシャに近い地位に高められ、最高原理ブラフマンと同一視されています。

人間（プルシャ）の肉体的諸部分の列挙に始まる讃歌も興味深いものがあります。

人体の構造を讃える歌（一〇・二）

一　誰により人間の両踵はもたらされたりや。誰により筋肉は結合せられたりや。誰により両踝は、誰により麗しき指は、誰により孔穴は、誰により中央に両ウッチュラカ（？）は。誰が依止《えじ》所《しょ》（両足）を〔作りたりや〕。

三　両膝の上に柔軟なる胴体は置かれたり、その末端は集まりて四〔肢〕をなすところの。臀部、両腿、誰がこれを生みたりや、それにより胴体が鞏固となれるところの。
四　幾何《いくばく》の、いかなる神々なりし、人間の胸、頸を寄せ集めたるは。幾何の神々が両乳を配置したりや。誰が〔両〕咽喉（?）を、誰が肩を、誰が肋骨を寄せ集めたりや。
五　誰が彼の両腕を結合したりや、彼は勇敢なる行為をなすべしと〔考えて〕。彼の両肩を、胴体の上に安置したる神は誰なりし。
二三　ブラフマンは神々の上に住す、ブラフマンは神々に属する種族の上に、ブラフマンはこの他の王権の上に。ブラフマンは真正の王権と称せらる。
二五　ブラフマンによりこの大地は配置せられたり。ブラフマンは高らかに置かれたる天なり。ブラフマンは拡がりて高くかつ横しまに置かれたる空界なり。
二九　実に不死に蔽われたるブラフマンの砦（人体）を知る者、彼にブラフマンとブラフマンの配下とは、目・生気・後裔を与えたり。
三一　八輪（人体の八肢分）を有し、九門（人体の九穴）を有する、神々の冒しがたき砦、その中に黄金の容器（心臓）あり、天的にして光明に蔽われたるところの。

三二　三輪を有し、三支点を有するこの黄金の容器、その中にアートマン（「我」）よりなる不可思議物存す。ブラフマンを知る者は実にこれを知る。
三三　ブラフマンはこの黄金の砦に入れり、輝きわたり、黄金色映え、栄光もて蔽われつくし、決して敗るることなき［この砦に］。

本讃歌に見られる人間は、単なる人間ではなく、宇宙的な意義が与えられており、先に検討した『リグ・ヴェーダ』（一〇・九〇）における原人プルシャに近いように思われます。ここでの人間プルシャはブラフマンと同一視され、ブラフマンは最高原理として神々の上に置かれ（第二三詩節）、人体は、ブラフマンの砦といわれ、その中にアートマンが存在し、最後にはブラフマンもアートマンとしてこの黄金の砦の中に入る、と詠われています（第三一〜三三詩節）。

この讃歌と密接な関係にある他の讃歌（一一・八）においては、肉体部分、生理作用などを列挙し、それらの要素は神々と呼ばれてプルシャの中に入ります。ブラフマンも身体に入ったといわれています。結論として、「それゆえ実にプルシャを知っている者は『これはブラフマンである』と考える。なぜならその中に一切の神格が坐しているからである」（一一・八・三二）と述べ、ウパニシャッドの中心的な教説である梵我一如《ぼんがいちにょ》の思想を暗示しています。

また注目すべきは、生理的・心理的観察が発達した点であり、とくにプラーナ（気息）は宇宙の生気、万有の支持者として宇宙の最高原理であるのみならず、小宇宙すなわち個人の本体と見なされ、ウパニシャッドにおけるアートマンに近づいています。

第十章❖ブラーフマナの思想

ブラーフマナとは

ヴェーダ聖典の最も中心的な部分である本集――ヴェーダ聖典という場合には、この部分のみを意味しますが――には、ブラーフマナと称する文献が付されています。これは、ヴェーダの祭式の仕方を規定したり、祭式の説明をしている部分です。およそ紀元前八〇〇年ころを中心に成立いたしました。『リグ・ヴェーダ』と前章で検討した『アタルヴァ・ヴェーダ』の讃歌から、ヴェーダ聖典の終結部を構成するウパニシャッドの哲学思想へと接続する中間に位置しています。

ブラーフマナの時代になると、『リグ・ヴェーダ』においてはあまり重視されなかったヴィシュヌ神とルドラ神の地位が高まり、後世、ヒンドゥー世界を二分して、中心となるべき基礎が置かれました。とくにヴィシュヌ神に関しては、しばしば「ヴィシュヌはすなわち祭祀である」といわれています。

ブラーフマナ文献は、一見、読者に神学的駄弁のような印象を与える面もありますが、しかし今日では、宗教史の面からも思想史の面からも、それが重要な文献であることを疑う人はいないと思います。しかもブラーフマナ文献は、その本領であるヴェーダ祭式の規定とその解釈とを主要な内容としてはおりますが、祭祀の神学的な議論などの砂漠のあちこちに長短さまざまな興味ある挿話のオアシスを読者に提供しております。今回は、そのようなブラーフマナのオアシスを訪ねることにしたいと思います。

人類の起源――マヌと大洪水の物語

最初に取り上げるのは、人の起源についてです。『リグ・ヴェーダ』では、人類の始祖としてマヌ（Manu）に言及されているものの、そのマヌがいかにして人類の繁殖を行ったかについては触れられておりません。しかしブラーフマナには、その後日物語ともいえる大変に興味深い挿話が伝えられています。それも旧約聖書で有名な「ノアの洪水」と若干の類似点をもっているために、早くから注目され、多数の翻訳によって紹介されております。

早朝マヌに濯《すす》ぎの水がもたらされた、ちょうど今でも手を洗うために水を持ってくるように。彼が水を使っていると、1匹の魚が彼の手の中にはいった。（1）

その魚は彼に言葉をかけた：「私をお飼いください。あなたを助けることがありましょう」と。「何事からお前はわたしを救うのか。」「洪水がこのあらゆる生物を掃蕩するでしょう。それからあなたをお救いいたすでしょう。」「どのようにお前を飼育するのか。」（2）

彼（魚）は言った：「われらが小さいあいだは、われわれにたくさんの危害があります。魚は魚を呑みます。始めは瓶の中で私をお飼いください。私がそれにはいらぬほど大きくなりましたら、そのときは穴を掘って、その中で私をお飼いください。私がそれにはいらぬほど多くなりましたら、そのときは私を海にお放しください。そのときもはや私をおびやかす危害はないでしょう」と。（3）

おそらくそれはジャシャであった、これは最も大きく成長するものであるから。そのとき〔魚は言った〕：「かくかくの年に洪水が起りましょう。船を設《しつら》えて、私のそばを離れずにおいでなさい。そして洪水が起ったとき、船にお乗りなさい。そうすれば私があなたをお救いいたすでしょう」と。（4）

〔マヌは〕このように彼（魚）を飼育して海に放した。彼（魚）があらかじめ指示したその年に、〔マヌは〕船を設《しつら》えてそばを離れずにいた。そして洪水が起ったとき、船に乗った。その魚は彼に泳ぎ近づいた。その角に〔マヌは〕船〔綱の〕羂《わな》を結びつけた。それによって彼（魚）は北方の山へ急いだ。（5）

彼（魚）は言った：「私はあなたを救いました。船を木にお繋ぎなさい。しかし山にいるあなたを、水が隔離することのありませんように、水が退くに従って、それだけずつお降りなさい」と。彼（マヌ）はそれだけずつ下に降りた。それゆえ北方の山のこの場所は、「マヌの降り場」と呼ばれている。洪水は実にあらゆる生物を掃蕩した。そしてこの世界にマヌただ独り残った。（6）

子孫を欲して、彼はたえず讃歌を唱え、苦行をしつづけた。そこで彼はまたパーカ祭（家庭的儀典）を行い、グリタ（液状のバター、ghee）・酸乳・乳漿・凝乳を水中に供えた。1年たったとき、それから1人の婦人が現われた。彼女はいわば凝結したかのごとく出現した。彼女の足跡にはグリタが溜った。ミトラとヴァルナとが彼女に出会った。（7）

彼ら（両神）は彼女に言った：「汝は誰か」と。「マヌの娘」と。「われらに属すと言え」と。「否」と彼女は言った、「誰にもあれ、私を生んだ者に属します」と。彼らは彼女の配分にあずかることを望んだ。彼女はそれを認めてか、或いは認めずにか、いずれにせよ行き過ぎて、マヌのもとに来た。（8）

マヌは彼女に言った：「汝は誰か」と。「あなたの娘」と。「いかにして、貴方よ、そなたは私の娘なのか」と。〔彼女は言った：〕「あなたが水中に供えたあれらの供物、グリタ・酸乳・乳漿・凝乳、あなたはそれから私を生みました。私は祝福であります。祭祀の際に私を利用なさい。もし祭祀の際に私を利用するならば、あなたは子孫・家畜に富む者となりましょう。いかなる祝福を私によって望まれましょうとも、それはすべてあなたに叶《かな》えられましょう」と。それゆえ彼は祭祀の中間において彼女を利用した。何となれば、プラヤージャ（前祭）とアヌヤージャ（後祭）との中間にあるものは、祭祀の中間であるから。（9）

子孫を欲して、彼女と共に彼はたえず讃歌を唱え、苦行をしつづけた。彼女により彼はこの子孫を生んだ、すなわちこのマヌの子孫（人類）と呼ばれるものを。彼が彼女によって望んだいかなる祝福も、それはすべて彼に叶えられた。（10）

（辻直四郎『古代インドの説話』一七～一八頁）

旧約聖書『創世記』によれば、ノア（Noah）が、イスラエル人によって古来伝承されている人類の始祖で、アダムから一〇代目に当たるとされています。『創世記』では、大洪水が起こったのは、最初の人類の堕落に対して神が行ったいわば人類に対する懲罰であったといわれています。他方、マヌの洪水の物語は、その原因については沈黙しております。

マヌの挿話は、他のブラーフマナ文献の挿話と同様に、祭式が重要な要素となっており、祭式の説明を目的としていて、ノアの場合とは異なっています。またノアとその一家を大洪水から救うために、ノアに方舟（Noah's Ark）を作るように命じたのは、神自身ですが、ブラーフマナ文献の場合は、助言したのは魚でした。また神がノアを洪水の難から助けた理由は明確ではありませんが、ノアが同時代の人々に比して抜きんでた義人であったとも、あるいはとくべつ義人であった訳ではなく、ただ単に神の恵みで選ばれたともいわれています。マヌの物語は、大きくなるまで飼育してくれたことに対する魚の恩返しの話になっています。後代になりますと、魚はヴィシュヌ神の一〇の化身の一つとなって崇拝の対象となります。

人類の始祖が、ともに洪水の難にあい、それから奇跡的に救われた点は類似していて相互の影響関係が気になります。マヌの洪水伝説は、ノアのそれから借用したものである、などと主張する西洋の研究者もいますが、断定するには資料が乏しいように思います。このマヌの洪水の話は、その後インドの国民的叙事詩である『マハーバーラタ』やヒンドゥー教の百科事典ともいわれるプラーナ文献に引き継がれていきます。

宇宙の創造――プラジャー・パティの出現

前に述べましたように、ブラーフマナ文献が作られた紀元前八〇〇年を中心とする前後数百年の時代になりますと、ヴェーダ文化の中心は、ジャムナー河とガンガー河とに挟まれた肥沃なドアーブ地方に移りました。この時代になりますと、四姓《しせい》制度が整備され、バラモン中心の社会秩序がほぼ確立し、複雑な祭祀の体系が作り上げられていました。それを背景に編纂されたブラーフマナ文献には、今までとは異なった世界観が見られます。

ここにおいては神々に代わって祭式が世界観の根底をなし、祭式は単なる手段ではなく、独自の存在として神々を強制し、宇宙の諸現象を支配する力であると信じられ、神々すらも祭式を行うことによって不死性を得るといわれています。祭式に絶対的な力があるとすれば、それを執行するバラモンたちはもはや神々に仕える敬虔な司祭者ではなく、祭式の力によって神々を支配するものであり、「学識ありリヴェーダに精通しているバラモンは人間という神である」(『シャタパタ・ブラーフマナ』二・二・二・六)とまでいわれています。

このようないわば祭式万能主義の風潮の中では、『リグ・ヴェーダ』以来の神々は一応の尊崇を受けてはいるものの、その威信は低下しました。しかし、『リグ・ヴェーダ』以来始まった最高神あるいは宇宙の根本原理の探究は依然として執拗に続けられました。その結果、多くの神々に代わって新たにプラジャー・パティが最高神として登場しました。かれはすでに『リグ・ヴェーダ』の末期以来尊崇を受けていましたが、ブラーフマナ文献において断然他を抜いて有力となりました。かれは祭式を創始し、自ら祭式を執行するばかりではなく、祭式そのものと見なされています。

最も普通に見られる宇宙創造は、まず最初に水（原水）があり、次いでその中に「黄金の卵」が浮かび、それからプラジャー・パティが出現し、一切万有を生起せしめる、という順序で行われます。

太初においてこの〔宇宙〕は実に水であった。水波のみであった。それ（水）は欲した：「われらいかにして繁殖しえん」と。それは努力した。それは苦行して〔熱力を発した〕。それが苦行して〔熱力を発した〕とき、「黄金の卵」が出現した。そのとき「年」はいまだ生じていなかった。この黄金の卵は1年の期間浮游した。（1）

1年を経て実に1人の男子が出現した。それはプラジャー・パティであった。それゆえ1年を経て、婦女或いは牝牛或いは牝馬は分娩する。何となれば1年を経てプラジャー・パティは生れたから。彼はこの黄金の卵を割った。そのときいかなる依所も存在しなかった。この黄金の卵のみが、1年の期間彼を支えて浮游した。（2）

1年を経て彼は語ろうと欲した。彼は bhūr と言った。これは大地となった。bhuvaḥ と〔言った〕。これは空界となった。svar と〔言った〕。これはかの天界となった。それゆえ1年を経て小児は語ろうと欲する。何となれば1年を経てプラジャー・パティは語ったから。（3）

彼は1000年の寿命をもって生れた。あたかも川の彼岸を遥かに見るごとく、正にかく彼は

自己の寿命の彼岸を遥かに見た。(6)

彼は子孫を欲して歌い続け、努力し続けた。彼は自己の中に繁殖力を置いた。彼は口(気息)によって神々を創造した。これらの神々は天界(div)を目指して創造された。これ神々が deva と呼ばれるゆえんである。彼らが天界を目指して創造されたがゆえに。創造した彼にとりあたかも白昼のごとくであった。これ実に神々が deva と呼ばれるゆえんである。創造した彼にとりあたかも白昼のごとくであったから。(7)

そして彼は下方に向う気息によってアスラたちを創造した。彼らはこの地界を目指して創造された。創造した彼にとりあたかも暗黒のごとくであった。(8)

彼は覚った:「われ悪を創造せり、創造したるこのわれにとりあたかも暗黒の生じたるがごとし」と。そこで彼は彼ら(アスラたち)を悪をもって貫いた。そこで彼らは消滅した。それゆえ人は言う:「或いは説話において、或いは伝説において語らるる神々とアスラたちとの闘争は存在せず。何となればプラジャー・パティは彼らを悪をもって貫きたればなり」と。(9)

それゆえ聖仙によってかく語られている:

いかなる日にも汝《なれ》戦わざりし。マガヴァン(インドラ)よ、汝に敵のあることなし。そは幻なり、それらの戦いにつき語るところは。今日もまた過ぎにし日にも、汝敵と戦いしことなし

と。(10)

神々を創造した彼(プラジャー・パティ)にとり、あたかも白昼のごとくであった。彼はそれ

を昼とした。アスラたちを創造した彼にとり、あたかも暗黒のごとくであった。彼はそれを夜とした。これが昼夜である。（11）
（辻直四郎『古代インドの説話』九八～一〇〇頁）

この創造神話で興味深いのは、プラジャー・パティ自身が一般の神（デーヴァ）を創造したのみならず、それに敵対するアスラをも創造し、しかも彼は悪を創造して、その悪でもってアスラを貫いて、消滅させたことです。その上で、ブラーフマナ文献で数限りなく物語られている神々とアスラたちとの闘争を、本当のところは存在しない、架空の話であると断定しています。

この強力なプラジャー・パティも時の流れには抗すべくもありませんでした。宇宙の根本原理としてのブラフマンの観念が次第に明確化し、ブラーフマナ文献の新層にある神話では、それまでプラジャー・パティが占めていた創造主の位置はブラフマンに譲られるに至りました。さらにブラフマンを、次章から取り上げるウパニシャッドにおいてブラフマンと不可分離の関係にあるアートマンと同置しており、ウパニシャッドへの過渡的段階にあることを示しております。

ブラーフマナの来世観

当時の来世観は『リグ・ヴェーダ』のそれとそれほどの違いはなく、死後、最高天にあるヤマの世界において祖霊たちと交わることを理想としていました。しかしすべての死者が無条件にヤマの国土に行けるわけではなく、ヤマ自ら真理に忠実なものと虚妄を語るものとを区別するといわれ、また試罪法にも言及しています。

また地獄の観念がやや明確化し、すでに因果応報の観念が見られます。これに関連して、ヴァルナ神の子ブリグの地獄遍歴の物語（『ジャイミニーヤ・ブラーフマナ』一・四二～四四）は有名です。それによりますと、ヴァルナ神は、わが子ブリグが無知であるにもかかわらず、父よりも、神々よりも、学識ある他のバラモンよりもすぐれていると思っているのを知って、その否であることを覚らせるために、ブリグを六つの他界へ遍歴させました。

ブリグは、最初の他界で、人間が人間を切り刻み食べているのを見、二番目の他界では、人間が泣き叫ぶ人間を食べているのを見、次に人間が黙って無言の人間を食べているのを見、次に二人の女が一個の大きな財宝を守っているのを、次に並んで流れる血の川とグリタの川での異様な光景を見たのでした。六番目の最後の他界では、青蓮《しょうれん》・白蓮《びゃくれん》の花に満ち、蜜の流れを湛えた五本の川、その中には、歌舞の声・琵琶（ヴィーナー）の音・アプサラスの群れ・かぐわしい香り・大きな響きがあるのを知ったのでした。

ブリグは、他界遍歴から帰り、逐一それぞれの他界で何を見たかをヴァルナ神に報告したのに対して、ヴァルナはそのようになっている原因を説明したのです。そして第六番目のものこそ、ヴァルナの世界であることを打ち明けたのです。

ブラーフマナの時代の人々は、天界における福楽は無制限であるとしても、死後に再び死ぬことがあると考えて大変に恐れ、この再死を克服することを願ったのでした。

Ⅱ◆ウパニシャッド

第一章❖ウパニシャッドは生きている

インドの国家の紋章

ヒンドゥー教の最大の聖地の一つヴァーラーナシーの近くにあるサールナートの遺跡の入口右側に考古博物館があります。その正面入口を入ると、見事に磨かれ光沢のある巨大な四頭の獅子像にびっくりいたします。これがインドの国家の紋章となっているアショーカ王柱の頭を飾っていたあまりにも有名な柱頭です。

サールナート、すなわち「鹿野苑《ろくやおん》」は、仏教の開祖ゴータマ・ブッダが、ブッダガヤーの菩提樹のもとで悟りを開いた後、かつてともに修行に励んだ五人の出家修行者を訪ねてきて、最初に教えを説いたところです。当時は仙人たちが集まる場所として広く知られていました。紀元前三世紀に、アショーカ王[1]は、ゴータマ・ブッダがかれらに最初に教えを説いたその場所にダルマラージカー・ストゥーパ（塔）を造らせました。しかし今はただ内径約一三メートルほどの基礎を残すのみになっています。ところが奇跡的にそのすぐそばから折れた石柱と前述の柱頭とが発掘されたのでした。

この柱頭は、ゴータマ・ブッダが、世界の四方に向かって平和と自由の教えを獅子吼《しく》した、すなわち獅子（ライオン）が咆哮するかのように見事に説いた様を表現しています。このような歴史的背景をもつ柱頭を、インドの人々が国家の紋章に選んだということは、世界の平和と安寧に役立とうという古代インド人の意志を継承しようとする現代インドの人々の強い決意を象徴しているのです。柱頭には、力や勇気や確信を象徴する、四頭のライオンが、円盤形の台座の上に乗っています。

「真実のみが勝つ」

四頭のライオンの紋章の下には、デーヴァナーガリー文字で、“satyam eva jayate”（「真実のみが勝つ」）と記されています。この文言こそウパニシャッドからの引用文なのです。

六　真実のみが勝つ。虚偽が勝つことはない。神々にいたる道は真実によってつくり出されている。なぜなら欲望を達した仙人たちは、その道を通って、真実の最高の住居のあるところに赴くからである。

（『ムンダカ・ウパニシャッド』三・一）

この翻訳で「真実」と訳されているサンスクリット語「サティヤ」は、『リグ・ヴェーダ』以来、インド哲学において大変に重要な術語です。ここでは「虚偽」（anṛta）の反意語として用いられています。すでに『リグ・ヴェーダ』（七・四九・三）において、真実と虚偽（satyānṛta）とは、対比して用いられ、神は虚偽を憎むとされています。「アヌリタ」という言葉は、第Ⅰ部第七章で述べた宇宙の理法リタ（rta）の否定語です。

「サティヤ」（satya）という語は、英語のbe動詞に相当するサンスクリット語の動詞の語根「アス」（as, ある）の現在分詞「サット」（sat, 英語のbeing）から派生した形容詞あるいは中性の名詞です。形容詞の場合には、「現実に在るもの（sat）に属する」「現実に在るものと関係する」「現実に在るものと一致する」を意味し、しばしば言葉や意図や欲望などとともに用いられ、その言葉や意図などが現実に在るものとなる、すなわちそれらは「真実である」とか「実現される」という意味を表します。中性名詞の場合には、「真実」とか「真理」を意味します。

『リグ・ヴェーダ』の時代には、「現実に在るもの」は、宇宙の理法である天則（リタ）に従っているのであり、天則に合致するものはすべて真実であり、真理なのです。それに反するものは、虚偽であり、不正なのです。換言すれば、真実は実現されるものであり、虚偽は実現されないものです。真実によってのみ勝つことができるのです。虚偽によっては勝つことはできません。

また、ブラーフマナの時代になり、ブラフマンの観念が次第に明確化し、宇宙の最高実在と見なされるようになりますと、ブラフマンはサティヤと同置されるようになります。やがて初期ウパニシャッドになりますと、サティヤはブラフマンの別名といわれるようになります（『チャーンドーギヤ・ウパニシャッド』八・三・四）。

サティヤが重要視されるのは、バラモン教のみではなく、仏教においても同様です。インド的な理解にもとづく「真実・真理」は現実に在るものであると同時に、実現されるものです。サールナートでゴータマ・ブッダが五人の修行者に行った最初の説法——それを「初転法輪《しょてんぼうりん》」と呼んでいます——

の内容は、仏教の中核を形成する教説である四つの聖なる真理（四聖諦《ししょうたい》）(2)などであったと伝えられています。四つの聖なる真理（caturārya-satya）は、宇宙に存在する理法であると同時に、実現されるべき真理という意味が込められているのです。

ガーンディーの真理の把持

サティヤで想起するのは、インド独立の父マハートマ・ガーンディー（Mohandās Karmchand Gāndhī 一八六九～一九四八）の旗印であった「真理の把持」（サティヤーグラハ satyāgraha）です。これは「サティヤ」（satya）と「アーグラハ」（āgraha）の合成語で、アーグラハは「固執する」「執拗にとりつくこと」を意味し、全体で、「真実・真理に執拗にしがみつく」というほどの意味をもっていると思います。

ガーンディーは、西部インドのグジャラートの庶民階級に属する商人の家に生まれ、熱心なヴィシュヌ信者の母の影響や、土地柄、ジャイナ教の影響を受けて成長いたしました。一八歳のとき、法律の勉強のためにイギリスに渡り、三年間の留学中にはじめて英訳の『バガヴァッド・ギーター』（八頁参照）に接し、新約聖書を学び、しばしば教会にも出席し、二一歳のときグジャラートに帰国しました。その後、兄の薦めで南アフリカに渡り、在住のインド人の権益保護のために同地にとどまりました。アフリカにおける抵抗運動を指導しつつ、自分の運動をサティヤーグラハと命名しました。一九一四年に成功裡に抵抗運動を終え、翌年帰国いたしました。その後長い独立運動の後、一九四七年に念願の独立を達成しましたが、今から五十余年前の一九四八年に若いヒンドゥー教徒の凶弾に倒れ、七九歳の波瀾多い一生を終えました。

ガーンディーは、貴方の宗教は何かという質問に、「ヒンドゥー教です」と答えています。しかしかれの場合、かれにとってのヒンドゥー教というのはいわゆるヒンドゥー教ではなくて、「人類の宗教」(Religion of Humanity)であって、それはかれが知っているあらゆる宗教の最もよいものを含んだものであるというのです。さらにかれは、その宗教をしばしば「真理・真実の宗教」(Religion of Truth)といい換えています。ここでかれが宗教と呼んでいるのは、かれの究極的な到達目標です。かれによれば、この到達目標である宗教に至る手段は、真理・真実とアヒンサー(ahiṃsā 非暴力)にほかなりません。

かれは内在的にして超越的な神を信じています。神は一切に遍満し、万能な創造者、支持者、慈悲深い最高人格であり、最高の力です。さらにかれは「神は真理である」と主張します。このことは、ブラーフマナ文献で、ブラフマンがサティヤと同置されたり、ウパニシャッドでサティヤはブラフマンの別名といわれているのを想起させます。後になってかれはこれをまったく逆にして「真理が神である」とするのがいっそう正しいと主張しました。かれによれば、「『真理』ほど完全な神の表現はない。神を否定する者はいるが、真理を否定する者はいまだかつて存在しない。人間の中の最も無知な者でも、その中に何らかの真理をもっている。われわれはすべて真理の火花である。ヒンドゥー教徒であろうと、イスラム教徒であろうと、キリスト教徒であろうと、有神論者であろうと、無神論者であろうと、真理を崇拝する」というのです。

かれは「真理」という言葉の意味を次のように説明します。「真理(satya)という言葉は、サンスクリット語の『サット』（sat 有《う》）から派生したものである。サットはさらに実在を意味する。ものの本質を究明すれば、この世には何ものも存在せず、存在するのはただ真理のみである。したがって真理は最も重要な神の名である。真理を体得してはじめて『チット』（cit 知）が生まれる。真理を伴わない知識は真の知ではない。真の知があるところには必ず『アーナンダ』（ānanda 歓喜）があり、いかなる苦痛も存在する余地がない。真理が無限であると同様に、それから生まれる歓喜も無限である。たとえ絞首台に送られようとも自らの中の真理をもてば、人は内的な歓喜を味わう。神はこの有・知・歓喜の一体となったものである」。

このガーンディーのサティヤの説明を理解するには、シャンカラによって唱導された不二一元論《ふにいちげんろん》思想を知っている必要があります。それによれば、宇宙の根本原理は有・知・歓喜を本質とするブラフマンであり、ブラフマンは個人存在の本体であるアートマンとまったく同一であり、ブラフマンすなわちアートマンのみが実在し、それ以外の一切は無明《むみょう》またはマーヤー（幻力）にもとづいていて、あたかも幻影のように実在しない。ガーンディーの考え方は、このような不二一元論思想を踏まえているものと思われます。したがってガーンディーの神、すなわち絶対者はブラフマンを踏まえた存在であると思われますし、かれの真理は、ブラフマンを示唆しています。

このように見てきますと、ガーンディーの思想を示す最も重要な術語の一つである「真理の把持」は、ウパニシャッド以来の、否『リグ・ヴェーダ』以来の伝統思想にしっかりと根づいた、厚く裏打ちされた言葉であることが分かります。インドの国是となった「真実のみが勝つ」というウパニシャッドの言葉がかれの脳裏にあったのかも知れません。それゆえにこそ、多くのインド人の共感を呼び起こしたのだと思います。このような真実・真理に対する信仰があったればこそ、あの官憲の暴力にも、敢然と立ち向かうことができ、最後にイギリスからの独立という勝利を勝ち取ることができたのではないでしょうか。

ガーンディーは、ウパニシャッドで人生の究極の目標とされた解脱を、実現不可能な理想と考えていたようです。われわれがなすべきことは、人類に対する不断の奉仕です。かれにとって手段は目的と同じく重要であり、手段の実践は目的の実現と同じでした。それゆえに、愛・無所有・真実語などの倫理的徳目の実践が、解脱以外のなにものでもないのです。それゆえに、かれにとって解脱とは社会奉仕にほかなりません。かれはウパニシャッドで説かれる人生の究極の目標である解脱を、社会奉仕と読み替えて、追究したのでした。

インド思想の源泉

ウパニシャッドは、今日のインドにおいて単なる古めかしい古典ではなくて、インド思想の汲めども尽きぬ源泉となっています。ウパニシャッドの解釈学として出発し、ウパニシャッドを拠り所とするヴェーダーンタ学派は、今日においてもインド最大の哲学学派を形成しています。最近代のインドの指導的な哲学者たちは、程度の差はあるものの、多かれ少なかれほとんどみなウパニシャッドを重要視しています。

(1)アショーカ王　阿育《あいく》王（紀元前二六八～二三二在位）。マウリヤ王朝第三代の王。カリンガ国の征服により、ほぼ全インドを統一、中央集権国家を実現した。その悲惨な戦争への痛切な後悔から仏教に帰依し、武力政策の放棄、殺生を伴う行事の禁止、施療院の建設など「法（ダルマ）」による統治を図った。

（2）四聖諦　仏教の中心的な教えで、四諦《したい》ともいう。諦は真理・真実の意味。次の四つの聖なる真理を指す。（1）この世は苦であるという真理（苦諦）、（2）苦の原因は欲望であるという真理（集諦《じったい》）、（3）欲望を抑止した状態が苦の消滅した悟りの境地であるという真理（滅諦）、（4）苦の消滅に至るには正しい修行が必要であるという真理（道諦）。この修行の方法には八種ある。すなわち正しい見解（正見）、正しい思考（正思）、正しい言葉（正語）、正しい行為（正業）、正しい生活（正命）、正しい努力（正精進）、正しい心の落ち着き（正念）、正しい精神統一（正定）。これは八正道《はっしょうどう》といわれる。

第二章❖ウパニシャッドとは何か

歴史的な背景

すでに第I部第一章で述べましたように、前期ヴェーダ時代（紀元前一五〇〇〜一〇〇〇年）には、インド・アーリヤ民族が、インダス河流域のパンジャーブ地方に定着し、紀元前一二〇〇年を中心に『リグ・ヴェーダ』を編纂しました。やがてその勢力は東に進み、後期ヴェーダ時代（紀元前一〇〇〇〜六〇〇年）には、現在のデリーの東に当たるジャムナー河とガンガー河という二つの河に挟まれた肥沃なドアーブ地方に至り、定住農耕社会を基盤に、続く三ヴェーダが編纂されました。またおそらくこのころに、後代に成立する国民的叙事詩である『マハーバーラタ』の題材となったバラタ族の大戦争が起こったと推定され、実際に叙事詩に出てくる都市の跡がガンガー河上流域で数多く発掘されています。紀元前八〇〇年ころになると、ヴェーダを解説するブラーフマナ文献が、紀元前六世紀ころには『アーラニヤカ・ウパニシャッド』が編纂されて、バラモン至上のヴェーダ文化が繁栄し、後世のインド文化に決定的な特徴を与えた諸種の制度は、この時代に確立しました。

このようにアーリヤ民族が、パンジャーブ地方からガンガー河流域に移住して、定住農耕社会が形成されると、先住民族との接触・交流がいっそう深まり、バラモンのうちにさえも混血が起こるようになり、当然のことながら先住民族の文化がアーリヤ民族の文化に大きな影響を与えるようになりました。このことは『アタルヴァ・ヴェーダ』に収録されている呪法が先住民族の間で行われていたものであるということからも容易に推測することができます。宗教・思想の面においても、先住民族の宗教観念を取り入れることになり、自ずから変化を受けざるを得ませんでした。それのみならず当時次第に勢力を増大しつつあった王族が、思想面でバラモンたちに影響を与えるようにもなってきました。ウパニシャッドは、このような大きく社会が変動しつつあった時代に、バラモンたちによって作成されたもので、当時の新しく興った思想を集めたものです。

紀元前六世紀——紀元前五世紀とも紀元前四世紀ともいわれることもありますが——を過ぎますと、アーリヤ民族はさらに東方に進出し、ガンガー河の中流の諸地域に定住し、さらにその勢力はその下流にまでも達することになります。上流域においては、部族集会の伝統が強力であったために、王権はあまり強化されませんでしたし、またバラモンへの多額の布施を行わざるを得なかったために、財力の蓄積も思うにまかせませんでした。それに反して中流域では、部族のつながりが弱くなり、またバラモン教の伝統の束縛から比較的自由であったために、王は財力を蓄積して、王権を強化することができました。

仏教の伝承によれば、ゴータマ・ブッダの時代には、一六大国があったといわれています。その中でも強力な国家は、バラモン教の伝統から比較的自由な中流域に位置していました。そのような歴史的・社会的背景の中から、ガンガー河の中流域に新しい反バラモン教的革新宗教として登場したのが、ゴータマ・ブッダの仏教とマハーヴィーラのジャイナ教（第I部第二章注2参照）です。ウパニシャッドは、これらの反対勢力を形成する新興の宗教・思想よりも一世紀あるいはそれ以上も早く成立しはじめ、それらと併存していくことになります。

確かにウパニシャッドは、祭式万能主義に対する反発であり、また賢明な王侯が哲学的討論に参加したり、バラモン学者たちに保護を与えたりしたとはいえ、またそのことがウパニシャッドの隆盛に貢献したことは事実であるとしても、現存するウパニシャッドは、ヴェーダを奉ずるバラモンたちの手によって編纂されたものです。

この新しい哲学思想に参加し得る人々は、バラモンにしろ、王侯にしろ、おそらく限られた少数であって、多くの人々にとっては、従来の祭式・呪法は依然として有効な手段であったと思われます。『ブリハッド・アーラニヤカ・ウパニシャッド』（III〜IV）においてすぐれた哲人として登場するヤージュニャヴァルキヤが、他方『シャタパタ・ブラーフマナ』（I〜V）においては祭式の権威として登場するということは、哲学と祭式の両領域を兼ねた者がいたことを示唆しており、両領域が並行して発達していた当時の状況を反映しているように思われます。

このような傾向は、少なくともウパニシャッドの解釈学として発達したヴェーダーンタ学派の根本経典である『ブラフマ・スートラ』が現在の形のように編纂されたと推定される紀元四〇〇〜四五〇年ころまでは続いていたように思われます。『ブラフマ・スートラ』（三・四・一〜一七）は、当時、アートマンの知識は祭式の補遺であるから祭式を執行すべきである、と主張する有力な学者（ジャイミニ）がおり、それに対してヴェーダーンタ学派が反論を行っていたことを伝えています。

しかしながら留意すべきことは、インドにおいては哲学的思索は、西洋におけるように、自然の多様性に対する驚きから生まれたのではなくて、祭式との関連の中で生まれたということです。すでに原人プルシャによる宇宙生成論で見たように、『リグ・ヴェーダ』においては祭式が創造の手段とされ、プルシャは祭式に用いる犠牲獣と見なされ、この犠牲獣の各部分からの、馬・牛・山羊などをはじめとする宇宙の一切の創造が説かれていたことを記憶されていることと思います。

このような発想は、「曙紅は犠牲に供されるべき馬の頭であり、太陽はその眼、風はその息」などと説く『ブリハッド・アーラニヤカ・ウパニシャッド』（一・一・一）に継承されています。このように祭式が宇宙の一切とどのような関係にあるのか、という強い関心から、次第に哲学的思索へと向かっていったのです（中村元『ウパニシャッドの思想』三五頁参照）。インドでは、祭式が哲学の母であったといってよいでしょう。

ウパニシャッドの特徴

このような歴史的・社会的背景から、従来の祭式至上主義のもとに徐々に展開されてきた哲学思想は、次第に祭式の呪縛から離れて、それ自身として価値をもつものとなり、先行する他のヴェーダ諸文献と同様に正統バラモンたちの手になる文献であるとはいえ、その性格を異にするものとなりました。

ウパニシャッドの思想内容は種々雑多であって、ひとまとめにして簡単に論ずることはできませんが、種々な思想に共通に認められる特徴は知識（jñāna）の重視ということです。しかしウパニシャッドに先行するヴェーダ聖典の大部分においては、本書ではほとんど紹介してきませんでしたが、アーリヤ民族の行うべき祭式を規定し、それを詳しく論じております。換言すれば、宗教的な祭事行為（karman）を主たる内容としております。それに反してウパニシャッドにおいては祭式は背景に移行し、苦行・瞑想・遊行などの実践によって得られる知識を重要視しているのです。

じつはこのような傾向はすでにブラーフマナ文献にも認められます。ブラーフマナ文献においては、祭式を執行する際にもその祭式の秘密の意義に関する知識を重要視して、その秘密の意義を知って祭式を執行するならば、その祭式の効果はいっそう大きいというように説かれるようになりました。そこで祭式の真の意義とは何か、を追究することになりましたが、やがて宇宙や人生それ自体の形而上学的意義の考究へと向かうことになりました。

このようなことから、やがてウパニシャッドにおいて、宇宙および人生の絶対者を探究するようになりました。そしてついにはアートマンやブラフマンという抽象的な観念を絶対者として想定するに至ったのです。この絶対者の知識を得れば、祭式によっては達成されない解脱《げだつ》に到達できると主張したのでした。

後世の学者は、ヴェーダ聖典全体を祭事部と知識部とに二分しております。祭事部は、祭事の執行を規定し、その果報を説いている部分で、主としてヴェーダ本集とブラーフマナ文献を含んでいます。それに対して知識部は、絶対者の知識を教えている部分で、ウパニシャッドを指しています。そしてかなり古くから「ミーマーンサー」と称する、ヴェーダ聖典の解釈学的・体系的な研究が行われるようになりました。祭事部に関するこの種の学問は祭事ミーマーンサーまたは前ミーマーンサーといわれます。この学問の伝統が、ミーマーンサー学派と称する、古代インド哲学の代表的な六哲学学派[1]の一つとなりました。また、知識部に関するミーマーンサーは、ブラフマ・ミーマーンサー、あるいはヴェーダーンタ・ミーマーンサーまたは後ミーマーンサーと呼ばれ、後代においてインド思想の主流を形成するヴェーダーンタ学派へと展開します。初期の諸学者は、両学問を兼学していたようです。両学派の学問伝統は、相合して、正統バラモンの哲学の総体を形成しておりました。いつしかミーマーンサー学派の伝統は消滅してしまいましたが、ヴェーダーンタ哲学は今日もなおインド思想の中核をなしています。

古ウパニシャッド

ウパニシャッドは、すべてサンスクリット語で書かれ、長い期間にわたって逐次成立したものです。仏教が成立する以前に作られたものから、一六世紀に作られたものに至るまで、その数は少なくとも二〇〇点を下らないといわれていますが、伝統的には一〇八点とされています。なかには、一六世紀のアクバル大帝の治下において、イスラム教の教理を説いた『アッラー・ウパニシャッド』のような作品もあります。しかしそれらの中、成立年代も古く、内容的にも重要な十数点を「古ウパニシャッド」と呼び、通常ウパニシャッドというときには、この古ウパニシャッドを指しています。それ以外のウパニシャッドは、一括して「新ウパニシャッド」と呼びますが、本書では古ウパニシャッドを中心に紹介したいと思います。

古ウパニシャッドは、紀元前五〇〇年を中心として、前後あわせて数百年にわたって作成されたものと推測されています。したがってその中にはゴータマ・ブッダ以前に成立したものと、以後に成立したものとがあり、仏教の影響が見られるウパニシャッドもあります。しかし各ウパニシャッドの成立年代を確定することは困難で、諸学者の見解は必ずしも一致していませんが、中村元博士によれば、古ウパニシャッドの成立順序ならびにそれが所属するヴェーダの学派は次のようになっています。

（1）初期（ゴータマ・ブッダ以前、紀元前八〇〇年ころに始まるか？）

第一期

＊『ブリハッド・アーラニヤカ・ウパニシャッド』（白ヤジュル・ヴェーダ所属）

＊『チャーンドーギヤ・ウパニシャッド』（サーマ・ヴェーダ所属）

第二期

『アイタレーヤ・ウパニシャッド』（リグ・ヴェーダ所属）

『カウシータキ・ウパニシャッド』（リグ・ヴェーダ所属）

『タイッティリーヤ・ウパニシャッド』（黒ヤジュル・ヴェーダ所属）

第三期

『ケーナ・ウパニシャッド』（サーマ・ヴェーダ所属）

『イーシャー・ウパニシャッド』（または『イーシャーヴァースヤ・ウパニシャッド』白ヤジュル・ヴェーダ所属）

（2）中期（ゴータマ・ブッダ以後）

＊『カタ・ウパニシャッド』（または『カータカ・ウパニシャッド』黒ヤジュル・ヴェーダ所属）紀元前三五〇〜三〇〇年？
『ムンダカ・ウパニシャッド』（アタルヴァ・ヴェーダ所属）
『プラシュナ・ウパニシャッド』（アタルヴァ・ヴェーダ所属）
＊『シュヴェーターシュヴァタラ・ウパニシャッド』（黒ヤジュル・ヴェーダ所属）紀元前三〇〇〜二〇〇年？

（3）後期
『マイトリ・ウパニシャッド』（または『マイトラーヤナ・ウパニシャッド』黒ヤジュル・ヴェーダ所属）紀元前二〇〇〜？
＊『マーンドゥーキヤ・ウパニシャッド』（アタルヴァ・ヴェーダ所属）紀元後一〜二〇〇年？
『マハーナーラーヤナ・ウパニシャッド』（黒ヤジュル・ヴェーダ所属）

以上の一四点のほかに、二〇世紀になってから原典が発見されたウパニシャッドもありますが、ここでは省略いたします。本書で紹介するウパニシャッドは、右のリストの中＊印が付された五点が中心となります。このほかにこのリストに入っていませんが、『ヴァジュラ・スーチー・ウパニシャッド』も取り上げたいと思っております。

ウパニシャッドの内容

「ウパニシャッド」という言葉の語源解釈は古来いろいろあります。近代の研究者の語源解釈も種々のものがありますが、upaを「〜の近くに」、niを「下に」を意味する前綴とし、助詞の語根sadを「坐る」の意味に解し、「近くに坐る」ことを意味する言葉と解釈するのが一般的でした。すなわち師の近くに坐ってひそかに教えられるべき秘密の教えであるというのです。しかし最近は、この解釈は否定される傾向にあり、ウパニシャッドという言葉は、ある事象を、例えばブラフマンのような最高存在と同置するウパニシャッド特有の瞑想法ウパーサナー（upāsanā 念想）の同義語と見る傾向が強いように思われます。

ウパニシャッドは、「ヴェーダーンタ」（Vedānta）とも呼ばれます。ヴェーダ聖典全体の「アンタ」（anta）、すなわち「終わり」「終結部」をなすと同時に、全ヴェーダ聖典の「極意」「究極の趣旨」を示すものと考えられているからです。これは先に言及したヴェーダーンタ学派とその哲学とは異なります。

ウパニシャッドは哲学的文献であるといわれていますが、前に述べたように一人の哲学者によって、一貫した構成のもとに、論理的・体系的に思想が論じられ、叙述されているのではありません。たくさんの新旧雑多な思想、ときとして相矛盾するような思想をも含み、その叙述も論理的・体系的ではなく、神秘的な霊感によって得られた確信を、比喩や比較によって、対話形式で、表現している場合が多いのです。

興味深いのは、当時勢力を拡大しつつあった王族が、逆にバラモンの学者に教えたり、また王族が身分の低いものから教えられるというような場合もあることです。また女性も対論の中に登場することがありますし、身分の低いものがバラモンや王侯に向かって自分の意見を述べている場合もあります。またウパニシャッドにおいては、特殊な哲学説がしばしば個人の名前で出てきており、従来無視されていた各個人の哲学的思索の意義が認められているように思われます。

ウパニシャッドは、当時の雑多な新興思想を集成したものですが、その中に共通する主要なテーマを見出すことができるように思われます。それは、「〔宇宙の〕原因は何であるか。それはブラフマンであるか」という『シュヴェーターシュヴァタラ・ウパニシャッド』の冒頭の設問の中に端的に示されているように思います。すなわち、「かの唯一物」という宇宙の中性的な根本原理を発見した『リグ・ヴェーダ』の詩人たちから始まった宇宙の、そして自己自身の存在の根元の探求です。この探求は、『リグ・ヴェーダ』で終わることなく、その後も執拗に続けられました。『アタルヴァ・ヴェーダ』「ブラーフマナ」の時代を経て、「ウパニシャッド」の時代に進むにつれて、神あるいは最高神に対する関心は薄れ、もっぱら非人格的、抽象的で一元的な原理を追究するようになりました。しかし中期ウパニシャッドの『シュヴェーターシュヴァタラ・ウパニシャッド』は、顕著に有神論的・一神教的性格を示しています。

ウパニシャッドと西洋

ウパニシャッドと西洋といえば、どうしても言及しなければならないのは、インドのムガル王朝第五代シャージャハーンの長男で、王の後継者に指名されたダーラー・シコー（Dārā Shikōh　一六一五～一六五九）の文化史的に大きな功績です。

ムガル王朝を創始した王バーブルは、イスラム正統派を国教としましたが、宗教的偏見を一掃し、各宗派を公正に扱うべきことを強調した遺言書を残しました。第三代の王アクバル（一五五六〜一六〇五在位）はその遺志を継ぎ、一五七五年に「信仰の家」を建設し、イスラム教の各宗派のみならず、ヒンドゥー教徒、パールシー（インドのゾロアスター教徒）、ジャイナ教徒、仏教徒、ユダヤ教徒、キリスト教徒といった当時行われていたあらゆる宗教の代表を集めて比較宗教上の討論を行わせるなど、きわめて折衷・融合的な宗教思想をもっていました。このイスラム教とヒンドゥー教との融合の動きはダーラー・シコーにおいて頂点に達しました。

かれはウパニシャッドを一神教の宝庫であると主張し、著書『二つの海の合流』を書き、ヒンドゥー神秘主義とイスラム神秘主義（第五章注2参照）との同一性を強調しました。それのみならず当時知られていたすべてのウパニシャッド五〇篇について、サンスクリット語からペルシャ語への翻訳を開始し、一六四〇年にペルシャ語訳のウパニシャッドが完成しました。しかし厳格なスンニー派のイスラム教徒であった弟のアウラングゼーブによって、背教の名目で、一六五九年、民衆悲嘆の中に処刑されてしまいました。

当時、ペルシャ語は最も広く読まれた東洋の言葉であり、また西洋の学者によっても理解される言葉でした。一七七五年、有名な旅行家でゾロアスター教の聖典『アヴェスター』の注釈書『ゼンド・アヴェスター』の発見者であるアンクティユ・デュペロン（Anquetil Duperron 一七三一〜一八〇五）は、ペルシャ語訳ウパニシャッドの写本を二本入手し、それを校合して、フランス語とラテン語に翻訳しました。フランス語訳は出版されませんでしたが、ラテン語訳は一八〇一年と一八〇二年に『ウプネカット』（Oupnek' hat）全二巻として出版されました。

この晦渋《かいじゅう》なラテン語訳を、眼光紙背に徹するように読んで、熱狂的に感激し、大きな影響を受けたのは、近代西洋のドイツの哲学者ショーペンハウアー[2]（Arthur Schopenhauer 一七八八～一八六〇）でした。かれはその『余録と補遺』（Parerga und Paralipomena, 1851）の中で、『ウプネカット』について、

……この一行一行がじつになんと確乎とした、明確な、徹頭徹尾調和のとれた意義にみちみちていることだろう。どのページからも、深く、根源的で、崇高な思想がわれわれに向かってくるが、全体のうえに、気高い、神聖な厳粛さが漂っている。ここにはインドの空気と、根源的な、自然に順応した生存とがいぶいている。ここでは精神が、古くからそれに接ぎ木されたユダヤ的迷信や、それを有り難がっているすべての哲学とをきれいに洗い去っている。これは世の中でもっとも読みがいのある、もっとも品性を高める読みものである。それはわが生の慰めであり、またわが死の慰めとなるであろう。

といって、ウパニシャッドを高く評価したばかりではなく、かれの「意志の哲学」の基礎にウパニシャッドの哲学を置き、自己の哲学を構成する上で、カントの著作からの影響と並んで、ウパニシャッドの思想とプラトンの影響を受けたことを自ら告白しています。

このようにして、ウパニシャッドは最初そのペルシャ語訳からラテン語訳に重訳された翻訳によって、西洋に知られるようになりました。しかしサンスクリット語原典から直接に近代ヨーロッパ語

の一つ英語に訳したのは、近代になってヒンドゥー教の宗教改革に最初に取り組み、ブラフマ教会[3](Brahma-Samāj)を創立したラーム・モーハン・ローイ[4](Rām Mohan Roy)でした。かれは一八一六年から一八一九年にかけて、数篇のウパニシャッドを英訳して、自費出版いたしました。ウパニシャッドは偶像崇拝に汚されておらず、純粋な一神教が説かれていると考えて、堕落したヒンドゥー教をウパニシャッドの世界に引き戻そうとしたのでした。

『リグ・ヴェーダ』のサンスクリット原典と注釈との出版という大事業を一八七五年完成したマックス・ミュラー(第I部第一章注5参照)もまた、一三篇のウパニシャッドの英訳を自ら監修した『東方聖典叢書』(第一巻・第一五巻)に収録して、一八七九～一八八四年に出版しました。一八九七年にはショーペンハウアーの影響を強く受けたP・ドイッセン(一八四五～一九一九)が六〇篇のウパニシャッドをドイツ語に翻訳して出版いたしました。かれは単にウパニシャッドを翻訳しただけではなく、大きく直接的にその思想の影響を受け、インド哲学の研究に一生を捧げるに至りました。かれは大著『一般哲学史』(全二巻六冊)を著し、その中の一冊(第一巻第二部)をウパニシャッドに捧げています。

その後のウパニシャッドについての出版・翻訳・研究などについてご紹介することは不可能ですが、日本ではどうなっているのかについてお話しすることにしたいと思います。日本で最初にウパニシャッドを扱ったのは、かつてマックス・ミュラーのもとで研究した高楠順次郎で、その弟子である木村泰賢とともに出版した『印度哲学宗教史』(大正三年)においてです。高楠順次郎はまた、一九二二～一九二四年にわたって、自ら監修者となって『ウパニシャット全書』全九巻を刊行しました。当時活躍していた一団の研究者の協力を得て、一〇八篇のウパニシャッド（ウパニシャット）全篇を邦訳したのみならず、サンスクリット原文の見つからなかったウパニシャッドについては、デュペロンのラテン語訳から邦訳しています。今から九〇年以上も前に、全ウパニシャッドを邦訳したということは、西洋諸国においても見られないことで、今日の学的水準から見れば批判を免れませんが、まことに一大壮挙ということができると思います。

（1）六哲学学派　古代インドの代表的哲学学派（サーンキヤ学派、ヨーガ学派、ニヤーヤ学派、ヴァイシェーシカ学派、ミーマーンサー学派、ヴェーダーンタ学派）を総称して「六派哲学《ろっぱてつがく》」と呼ぶ。各学派は異なったアプローチの仕方をしているとはいえ、ウパニシャッドで明確にされた業《ごう》と輪廻《りんね》の思想を出発点とし、輪廻からの解脱を究極目標としている。

（2）ショーペンハウアー　一七八八〜一八六〇年。ドイツの哲学者。世界を自我の表象とみなし、その根底にある生存意志は他の意志によって絶えず阻まれるため、人生は苦痛となる。この苦を免れるためには意志否定によるほかないと説いた。

（3）ブラフマ協会　ヒンドゥー教は野蛮な習慣をもつ異教の偶像崇拝であるというキリスト教宣教師の批判に対して、ヒンドゥー教の改革をめざした。設立者のモーハンは偶像崇拝に汚されていないウパニシャッドの世界にヒンドゥー教を戻す必要があると考え、多神教を排し、ブラフマンのみを純粋な形で崇拝すべきだと説いた。さらに寡婦の再婚を認め、一夫多妻制に反対するなど、積極的に社会改革を志した。

（4）ラーム・モーハン・ローイ　一七七二〜一八三三年。ベンガル州のバラモンの家に生まれる。ヴァーラーナシーでウパニシャッドを学び、宗教運動の基礎を築いた。またキリスト教に接し、近代インドの宗教・社会改革運動の先端を切ったので、「近代インドの父」といわれている。

第三章 ❖ 神秘的聖音オーム

聖音オーム

インドでは、よく儀式のとき、マントラ（真言）を唱えますが、そのマントラの始めと終わりには、「オーム」（OM）と唱えます。これからウパニシャッドの紹介を始めますので、その最初に、オームを扱うことにしたいと思います。

しかし、「オーム」と聞けば、一九九五年三月東京の地下鉄で未曾有のサリン事件を引き起こし、死者一二人、被害者五〇〇〇人以上を出したオウム真理教のことではないか、と嫌悪感をもたれる方もあるかも知れません。オウム真理教が引き起こした未曾有の大事件は、仏教のみならず、ヒンドゥー教に対しても、誤解を与えるものであったのではないかと遺憾に思っております。そして仏教やヒンドゥー教のみならず、宗教一般に対する不信の念が広がり、さらには宗教を危険視し、宗教とは関係がないということを何か誇らしげに語る青年男女が少なくないのは、まことに残念な現象といわざるを得ません。そのような誤解を解く意味からも、オームの本来の意味をご紹介したいと思います。

「オーム」というのは、サンスクリット語のシラブル（音節）の一つであり、ヒンドゥー教徒は、このシラブルを「プラナヴァ」（praṇava 聖音）と呼び、宗教的・哲学的に深い意味を付与して大変に尊重しております。もとは「しかり」「はい」「かしこまりました」というほどの意味で、キリスト教の「アーメン」(amen) に相当するといわれています。シラブルを意味する「アクシャラ」(akṣara) は、「不滅」「不壊」を意味するので、この聖音は不滅者、不壊者、不死者などと解され、ウパニシャッドにおいては、この聖音オームは、ついには宇宙の最高原理と見なされるようになります。最初は、バラモン司祭者たちの間で使われましたが、後世になりますと、大乗仏教徒やジャイナ教徒によっても唱えられるようになり、漢訳の仏典では、「唵《おん》」と音写されて、密教の呪文ダーラニー（陀羅尼《だらに》）の冒頭に置かれています。

前章で、インドでは祭式が哲学の母であった、と申しましたが、祭式と密接に結びついている神秘的な聖音オームの考察はそのことを端的に示すものといってよいと思います。

聖音オームは全宇宙

古ウパニシャッドの中きわめて重要な『チャーンドーギヤ・ウパニシャッド』は、まずその冒頭において聖音の解説を行っています。その際、この聖音をヴェーダの祭式と密接な関連のもとに説いておりますが、本章では後代のインド思想に大きな影響を与えた『マーンドゥーキヤ・ウパニシャッド』のオームについての哲学説を見ることにしたいと思います。

『マーンドゥーキヤ・ウパニシャッド』は、全体が短い散文で書かれていて、わずかに一二詩節からなっており、ウパニシャッド中、おそらく最も短い作品ではないかと思います。興味深いことには、仏教特有の術語や大乗仏教独特の表現法が多数用いられていて、かなり遅れて成立したことを推測させます。

一　「オーム」というこの音節は全宇宙である。その解説は〔以下の通りである〕。過去、現在、未来という一切はオームの音節にほかならない。そうして三世を超越している他のものも、またオームの音節にほかならない。

すでに言及したように、ここで音節と訳したサンスクリット語の「アクシャラ」ということばは、先にふれたように「音節」または「字音」という意味のほかに、「不壊」「不滅」の意味をもっており、このウパニシャッドの場合にも、両者を意味していると思われます。この不滅者、それは次の第二詩節から判断すれば、ブラフマン＝アートマンにほかなりません。

先に引用した『チャーンドーギヤ・ウパニシャッド』の別の箇所（二・二三・四）によると、「一切の言語は、音節オームによって浸透されている。音節オームこそこの一切である。音節オームこそこの一切である」と称えられており、また別のウパニシャッドでは、「オームはブラフマンである。オームはこの一切である」（『タイッティリーヤ・ウパニシャッド』一・八）と強調されています。

この『マーンドゥーキヤ・ウパニシャッド』の第一詩節も同じ見解を表明しております。この音節はまた、過去、現在、未来、という時間の制約の中にある三世でもあります。さらには、その「三世を超越している他のもの」、すなわち三世を超越した他の超時間的存在も、オームにほかならないといわれています。

換言すれば、オームは、すなわち絶対者は、時間の制約の中にある現象世界も、時間の制約を受けない超時間的存在をも内に含んでいるのです。かつては、この現象世界を超越したところにあると理解されていた絶対者が、このウパニシャッドでは、この現象世界をも内包すると考えられています。

絶対者ブラフマンは、現象世界をも内包するとはいえ、目には見えず、耳にも聞こえず、超経験的・超感覚的な存在ですが、それに反してオームは、われわれ人間が発することができ、聞くことができる神聖な音節です。当時のバラモンの修行者は、確かな手がかりがあるオームの音節を唱え、念想することによって、尋常では到達できないブラフマンに到達できるものと考えていたのでしょう。

では、どうしてオームの音節の念想によってブラフマンに到達することができるのでしょうか。オームの音節とブラフマンとは、どのような関係にあるというのでしょうか。

四位を有するアートマン＝ブラフマン

この関係を説明するために、オームの説明をしばらくおき、まず次の詩節において、ブラフマン――それはとりもなおさず、われわれのこのアートマンですが――とはいかなるものかが考察されます。

二　じつにこの一切はブラフマンである。ブラフマンはこのアートマンである。このアートマンは四位（四足）を有する。

本節を理解するためには、『リグ・ヴェーダ』の「原人プルシャの讃歌」の「かれの威力は、かくのごとくである。また原人は、それよりもさらに偉大である。かれの四分の一は一切の存在である。かれの四分の三は天にある不死者である」（一〇・九〇・三、五四頁参照）を思い起こしていただきたいと思います。この讃歌に見られるように、宇宙の原因が、四つの側面をもっているという考え方は、『リグ・ヴェーダ』以来インドにありますが、『マーンドゥーキヤ・ウパニシャッド』もその流れの中にあるものと思われます。この詩節では、ブラフマンすなわちアートマンが四位（四足）、すなわち四つの四分の一が集まって構成されているとしております。

しかし四位を有するということは、なかなか説明しがたいのですが、注解者シャンカラの説明によれば、牛の四本の足のように、相互に分かれていて、相互に関係のない四つの部分をもっているということを意味しているのではありません。一個の一円貨幣を例にとれば、確かにこれは金額の点からすれば四つの四分の一の集まったもので、事実経済活動においては、そのように見なされて通用しております。しかし、貨幣自体に即して考えれば、それを分割することはできません。あえて分割すれば、もはや一円の貨幣ではなくなってしまいます。アメリカには、クオーター（quarter）と称する二五セントの貨幣があり、慣れない日本人にはやや使いにくいお金ですが、クオーターが四枚あれば、堂々と一ドルとして通用いたします。しかしそれは貨幣に即してみれば、一枚の一ドル紙幣と同じものではありません。シャンカラによれば、交易を盛んにするために、便宜上四分の一が考えられているにすぎません。四分の一円は二分の一円に没入し、二分の一円は四分の三円の中に没入し、四分の三円はさらに一円の中に没入するように、順次四つの位の中の後の位は前の位の根底になり、基盤となっている関係にあるというのです（中村元『ウパニシャッドの思想』六二九頁）。

これ以後、第三詩節から第七詩節まで、ブラフマンの四位の説明が続きます。第一位の名称は、「普遍位《ふへんい》」（vaiśvānara）です。注解者シャンカラによれば、宇宙の一切のものに、いろいろな方法で、種々の対象を経験させるから、そのように呼ばれるということです。その活動の領域は、われわれが目覚めている「覚醒状態」を意味します。活動の内容は、「外的知」、すなわち外界の対象の知覚です。普遍位にあるアートマンは、覚醒状態にあって、外界の対象を知覚する能力を持ち、七つの肢分と感覚器官など一九の口を通じて、「粗大なるもの」、すなわち外界の対象を知覚いたします。

第二位の名称は、「光明位《こうみょうい》」（taijasa）。その活動の領域は、われわれが夢を見ている「夢眠状態」。活動の内容は、「内的知」、すなわち内的な対象――苦楽の感情・貪欲・嫌悪・欲望・恐怖などの心理現象――の知覚。光明位にあるアートマンは、夢眠状態にあって、内的な対象を知覚する能力をもち、七つの肢分と感覚器官など一九の口を通じて、「微細なるもの」、すなわち内的な対象を知覚いたします。

第三位の名称は、「知慧位《ちえい》」（prājña）。活動の領域は、欲望も起こさず、夢も見ない「熟睡状態」。ちょうど夜になると、暗黒のために何ものをも識別できなくなって、あらゆる知覚は、純粋な暗黒のみとなるように、この状態においては、いろいろな内的外的対象は消え失せて、一体となって、純粋に知のみとなるというのです。このアートマンは他の何ものをも見ることはありません。

熟睡状態は、一般に意識がまったくなくなった状態と見なされておりますが、しかし『マーンドゥーキヤ・ウパニシャッド』においても、後代のシャンカラなどにおいても、純粋に知のみとなる状態であり、熟睡状態においては、誰も何も見ないのは、意識が消滅するからではなくて、見るべき対象が存在しないからだというのです。なぜなら人が熟睡状態から醒めたとき、「私は熟睡していたとき何も見なかった」といって、見る対象の存在を否認するのは、熟睡状態において意識があったからこそ、その対象の存在を否認することができるというのです。

この知慧位にあるアートマンは、純粋に知のみであり、歓喜からなり、歓喜を経験し、覚醒状態や夢眠状態で経験する不快感などから自由なのです。しかし熟睡状態は、いつまでも続くわけではありません。なぜなら熟睡状態は「心を口とする」状態だからです。すなわち、われわれの心は、純粋な知であるアートマンとは似て非なるものであり、夢眠状態と覚醒状態で機能し、熟睡状態で機能を停止するので、熟睡状態にあるアートマンは歓喜を経験するのです。熟睡状態のアートマンは、夢眠状態と覚醒状態において機能する心に向いているのです。すなわち熟睡状態から再び夢眠状態と覚醒状態に立ち返ることになります。この意味において、熟睡状態は、他の二状態の種子であり、基盤なのです。

第三位のアートマンはまた、一切万有の主宰神であり、全知者であり、内制者であり、万物の根源といわれています。しかしながら第三位のアートマンは、究極の最高原理ではなく、その根底に第四位のアートマンがあるのです。従来最高原理とされていたものを一応認めておきながら、それらが究極的な原理であることを否認し、それを低級な見解であるとして、自説こそがその上に位置づけられることを主張しています。

　第四位の場合には、第一位から第三位までに用いられてきた肯定的・積極的な表現をまったく否定しております。第四位は、言語表現を超越しており、絶対的に否定的にしか表現できない存在であり、しかも興味深いことには、大乗仏教で用いられる表現が見られます。例えば、第四位に対して、言葉で表現することができず（avyavahārya 不可戯論《ふかけろん》）、把捉されず（agrāhya 不可取）、特徴をもたず（alakṣaṇa 無相）、不可思議（acintya）であって、現象を融消し（prapañcopaśama 滅一切戯論《めついっさいけろん》）、寂滅《じゃくめつ》し（śānta）、吉祥にして（śiva）、不二（advaita）である、といわれております。しかしこれらは大乗仏教に特徴的な言葉であり、とくに prapañcopaśama は、バラモン教関係の文献にはほかに用例がありませんが、大乗仏教の中観《ちゅうがん》派(1)の龍樹《りゅうじゅ》の『中論』の冒頭に出てくるキーワードの一つです。詳細な検討は、中村元『ウパニシャッドの思想』（六〇一～六〇四頁）を参照してください。このような事実から、『マーンドゥーキヤ・ウパニシャッド』における第四位の発見は、大乗仏教、とくに中観派の影響によると推測されます。

　さらに興味深いことには、従来最高原理として認められていたものとは、まったく次元を異にする第四位を承認したことです。換言すれば、人格神と絶対者、主宰神とブラフマンをはじめてかなり明確に区別づけているのです。これは中観派の最高の真理と世俗的真理という二種の真理の説（真俗二《しんぞくに》諦《たい》）の影響を受けているのでしょうか。後代になりますと、シャンカラは、やはり二種の真理を説き、最高の真理の立場においてはブラフマンは無属性（nirguṇa）であるのに対して、無明の、世俗の立場からすればブラフマンは有属性（saguṇa）であり、人格神は無明の立場において存在するにすぎない、と主張するようになります。

聖音オームと神秘的体験

さて、第八詩節は、これらのブラフマン＝アートマンの四位とオームとの対応関係を述べています。

八　このアートマンは、音節に関してもオームの字音にして、音量に関しても〔オームの字音である〕。位は音量である。そうして音量は位である。すなわち〔音量は〕ア音とウ音とム音とである。

四位をもつアートマンは、音節（akṣara）の点から見ても、また音量（mātrā）の点から見ても、「オーム」という字（kāra）に対応しているというのです。音量というのは、音節を瞬間的な音の要素に分解した場合のその音の各要素のことです。音量の点から見ると、「オーム」（om＝aum）という字は、ア（a）音とウ（u）音とム（m）音とに分解されます。「字」というのは、個々の母音または子音を指しています。

九　覚醒状態をその領域とする普遍位は、第一の音量ア音である。達成するからである。あるいはまた第一のものであるから。このように知る人は、じつに一切の欲望を達成し、そうして第一のものとなる。

覚醒状態を活動の領域とする普遍位は、アートマンの第一位であり、第一の音量ア音に対応します。なぜなら普遍位は、四位のうち第一番目の位であり、他方ア音は、聖音の第一番目の音量であり、両者は第一番目である点で共通しているからです。このように知っている人は、一切の欲望をかなえることができ、また第一人者となることができる、といって、この聖句のもたらす果報の素晴らしさを讃えております。

一〇　夢眠状態をその領域とする光明位は、第二の音量ウ音である。盛んにならせるからである。あるいはまた〔普遍位と知慧位との〕中間者であるから。このように知る人は、じつに知識の連続を盛んにならせ、そうして平等となり、その人の家にはブラフマンを知らない者は生まれない。

夢眠状態をその活動領域とする光明位は、アートマンの第二位であり、第二の音量ウ音と対応します。なぜなら普遍位と知慧位との中間者であるからです。光明位が、普遍位と知慧位との中間にあるように、音量ウ音は、ア音とム音との中間にあり、両者はその意味で共通し、対応しているからです。このように知っている人は、連綿と続いているヴェーダの知識を盛んにし、平等となり、その人の家にはブラフマンを知らない者は生まれない、といって、ここでもまたこの聖句のもたらすよい果報を讃えております。

一一　熟睡状態をその領域とする知慧位は、第三の音量にしてム音なり。建設のゆえに。あるいはまた没入のゆえに。このように知る人はじつにこの万有を建設し、そうして没入する処となる。
一二　第四位は音量を有せず、言説すべからず、現象を融消し、吉祥にして不二なり。このようにオームの字音はアートマンにほかならず。このように知る人はみずからアートマンに入る。

以上で『マーンドゥーキヤ・ウパニシャッド』は終わっています。このようにこのウパニシャッドは、聖音オームをブラフマンと同置し、さらに聖音オームの各音量とブラフマンの四位とを同一視し、それぞれの相関関係を明らかにして、聖音オームを念想すれば、自ずから究極的な、ブラフマン＝アートマンに到達する道筋を明らかにしています。ヒンドゥー教徒が大切にする聖音オームは、このような深い意味をもったものなのです。

（1）中観派　龍樹（ナーガルジュナ、一五〇～二五〇ごろ）を創始者とし、その著作『中論』等にもとづき、空《くう》の思想、中道の実践を説くインド大乗仏教の一学派。

第四章 絶対者と自己との神秘的合一の体験

シャーンディリヤ（Śāṇḍiliya）は、『シャタパタ・ブラーフマナ』（第六〜一〇巻）の中でしばしば登場する注目すべきバラモン思想家の一人です。しかしインドの思想家の大部分についてと同じように、シャーンディリヤの生存年代も、その伝記もまったく不明です。

ウパニシャッドの時代よりも前には、個人として活躍した思想家の名前すらも、伝えられていないのが通例です。しかしギリシャでもタレース[1]（紀元前六二四〜五四六ころ）以後になると各思想家の思想の断片が伝えられているように、インドにおいても、ウパニシャッドにおいては、特定の思想家個人の名前と特定の学説とが結びつけられて伝えられております。前にも述べましたように、これは、ウパニシャッド聖典の特徴の一つです。

哲人シャーンディリヤの教え――この一切はブラフマン

前に、『リグ・ヴェーダ』で始まったこの宇宙の唯一の根本原因の探求は、その後も執拗に続けられ、『アタルヴァ・ヴェーダ』「ブラーフマナ」の時代を経て、「ウパニシャッド」の時代に進むにつれて、人格神あるいは最高神に対する関心は薄れ、もっぱら非人格的、抽象的で一元的な原理を追究するようになった、と申しました。シャーンディリヤもまた、そのような宇宙の根本原理の探求をした思想家でした。シャーンディリヤの思想として残されている箇所（『チャーンドーギヤ・ウパニシャッド』三・一四）を訳出いたしましょう。

一　じつにこの一切はブラフマンである。人は心を平静にして、そのブラフマンをジャラーンとして念想せよ。さてまた、人はじつに意向からなる。人がこの世においていかなる意向をもったとしても、この世を去ったのちに、かれはそのとおりに意向がかなう。〔それゆえに、〕人は意向を〔正しい方向に〕定めるべきである。

まず、シャーンディリヤは、一切万有の根本原因を、『リグ・ヴェーダ』の「かの唯一物」ではなく、ブラフマン（Brahman）と呼んでおります。かれは、このブラフマンが、われわれが経験する一切の事物、全宇宙と同一である、と断言しております。したがってかれの考えでは、ブラフマンは現象世界の背後に、目に見えない形で存在するものでもなく、また現象世界を超越して存在するものでもなくて、われわれの経験する一切の現象がそのままブラフマンである、というのです。

さらにシャーンディリヤは、人は心を平静にして、そのブラフマンを「ジャラーン」として念想するべきである、と説いております。しかしこの「ジャラーン」という神秘的呼称が何ものであるかに関しては、残念ながら、現在の研究段階では不明といわざるを得ません。

人は意向からなる

本詩節でシャーンディリヤは、「人はじつに意向からなる」といっておりますが、ここで「意向」と訳したのは「クラトゥ」（kratu）という言葉です。英訳では purpose とか will などと訳されており、邦訳においては、しばしば意向と訳されていますので、一応それに従ったのですが、よりよい訳語を考える必要があるかと思います。シャーンディリヤは、人間の本質を「意向」と捉え、ここにかれの人間観の一端を見ることができますが、「意向」とアートマンとの関係については沈黙しています。

このシャーンディリヤの教えを読むたびに思い起こす話があります。それは、小泉八雲（Lafcadio Hearn）の『怪談』の中に載っている「かけひき」という話です。ご存じの方も多いと思いますが、科人《とがにん》とその首を刎ねて処分しようとする主人の話です。仕置きの準備が十分整ったとき、科人が突然自分を斬るならきっと仕返しをすると言い出しました。家来たちは大変恐ろしく思いました。人間というものは、誰しも激しい恨みをもって一命を絶たれた場合に、その魂魄は殺した相手に今生の恨みを返すことができると信じられていたからです。主人はそのことを十分に承知していて、「お前の申し分にはちと解《げ》せぬふしがあるぞ。まことにお前が遺恨をいだくというならば、その証拠を、首を討たれた後で一同に見せてくれ」と申しました。そして長い刀を抜いて、「首を討つぞ。お前の面前にある飛び石に首が飛んだら、その飛び石を嚙《か》んでみよ」と申しました。それに対して科人は、「嚙むとも、嚙んでやるわい」と答えました。そのとき首が飛び、落ちた首が、飛び石の方へ転がっていって、飛び石の端に前歯でがっちりとかぶりついたのでした。

家来たちはそれを見て恐ろしくなり、施餓鬼《せがき》でも行って供養してやることを主人に申し出ました。ところが主人は涼しい顔をして、それは無用である、と答えるのでした。そして主人は、その理由を申します。「あの男が死に臨んでの存念は、いかにも恐ろしいものであった。そこで自分は、その存念の証拠を見せよと、かれの心を、仕返しの一念から逸らせてやったのだ。そのためにかれは、飛び石に噛みつきたいという一念で相果てたのである。そのほかに意趣遺恨などはなかったはずである」と。事実、何ごとも起こらずにすんだとなっております。

いささかニュアンスは違いますが、臨終のときの考えが死後にかなう、という点で似ているように思います。

二　意《こころ》からなり、気息を身体としていて、光輝を姿とし、思惟したことは必ずそのとおりになり、虚空の性質を帯びていて、一切の行為をなし、一切の欲望をもち、一切の香りをそなえ、一切の味を含み、全宇宙に遍満し、無言であって、無関心なもの——。

この詩節では、シャーンディリヤは、かれのブラフマンについてさらに敷衍しております。しかし後代の思想家にとって、「意からなり、気息を身体となすもの」については理解しがたいものであったらしく、その趣意についても異論が起こったもののようで、『ブラフマ・スートラ』（一・二・一）は、この箇所を取り上げて、「意からなり、気息を身体となすもの」は、各個人のアートマンではなく、ブラフマンを意味していることを論証しています。

梵我一如

シャーンディリヤによれば、ブラフマンは、「意からなる」（manomaya）もの、すなわち思考作用（意）からなり、「気息を身体としていて、光輝を姿とし」、「一切の行為をなし、一切の欲望をもち、一切の香りをそなえ、一切の味を含み」、それゆえに「思惟したことは必ずそのとおりになり」、「虚空の性質を帯びていて」、「全宇宙に遍満し」ております。現象世界のあらゆる差別相を展開しているにもかかわらず、それ自体は差別相を超越しているので、「無言であって、無関心なもの」です。しかしここには、ブラフマンそのものが、いかにしてこの現象世界を開展したか、ということに対する説明が欠けております。

三　これこそ心臓の内に存するわがアートマンである。それは米粒よりも、あるいは麦粒よりも、あるいは芥子粒よりも、あるいは黍粒よりも、あるいは黍粒の核よりもさらに微細である。
　しかし、また心臓の内に存するわがアートマンは、大地よりも大きく、虚空よりも大きく、天よりも大きく、これらのもろもろの世界よりも大きい。

第三の詩節では、第一と第二詩節において明らかにされた絶対者ブラフマン（梵）は、じつはわれわれの心臓の内に存在するアートマン（我）、すなわち本来の自己、自己の本体にほかならない、と高らかに宣言しております。多くの学者はこの同一説が、ウパニシャッドの中心的な思想であると理解しております。ウパニシャッドでは、アートマンは一般に心臓の内部の空処に存在すると考えられておりました。

このような自己と絶対者とが本来同一であるという思想の先駆は、すでに『アタルヴァ・ヴェーダ』やブラーフマナ文献に見られます。インドにおいては、『リグ・ヴェーダ』の時代から、個人の生活機能と自然界の現象との対応関係——例えば、目と太陽、気息と風の対応関係——が認められておりました。この対応の思想を徹底させると、諸機能の集合体である各個人は小宇宙であって、自然界の諸現象が構成する大宇宙と対応します。この対応の思想のほかに、ある既知の現象的存在を最高存在と同置する心的過程を意味する「念想する」（upa-ās）というブラーフマナ文献時代の神学者の思考法もまた、現象世界と最高実在とを同置するウパニシャッドの哲学の要因であるといわれています。

いずれにいたしましても、自己と絶対者とが本来同一であるといういわゆる「梵《ぼん》我《が》一如《いちにょ》」の思想は、初期のウパニシャッドの思想家によっても表明されていましたが、直観的に表明されていたにすぎませんでした。シャーンディリヤは、梵我一如であることを、すなわち万有の最高原理が、われわれの存在の奥底に存在する自己、アートマンであることをはじめてはっきりと明言し、その理由を述べた最初の哲人であったように思います。

とはいえ、ウパニシャッドの哲人たちは、シャーンディリヤを含めて、十分にブラフマンとアートマンの同一性を論理的・体系的に説明しているとはいえません。それは後世、ウパニシャッドの解釈学として発展したヴェーダーンタ学派の中のシャンカラを開祖とする不二《ふに》一元論《いちげんろん》学派によって理論的に整備され、今日に至るまでインド思想の主流を形成することになります。

第三詩節では梵我一如の思想のほかに、絶対者としてのブラフマンまたはアートマンは、「米粒よりも、あるいは麦粒よりも、あるいは芥子粒よりも、あるいは黍粒よりも、あるいは黍粒の核よりもさらに微細である」と同時に、「心臓の内に存するわがアートマンは、大地よりも大きく、虚空よりも大きく、天よりも大きく、これらのもろもろの世界よりも大きい」といわれております。ここには「反対の一致」（coincidentia oppositorum）の思想が見られます。

四　一切の行為をなし、一切の欲望をもち、一切の香りをそなえ、一切の味を含み、全宇宙に遍満し、無言であって、無関心なもの——それこそ心臓の内に存するわがアートマンである。それはブラフマンである。この世を去ったのちに、それに合一するであろうと信じている人は、〔その点について〕疑惑は存在しない、と、シャーンディリヤは以上のように語るのが常であった。

この第四の詩節は、前詩節で表明された「梵我一如」の思想の再説であり、強調です。そしてシャーンディリヤは、第一詩節で言及された「意向」が、死後に必ず実現されることを約束しています。すなわち、この世を去ったのちに、このブラフマンに合一するであろうと信じている人、換言すれば、ブラフマンと合一するという意向をもっている人は、疑いなく、その意向の通りに実現されると説いております。

このブラフマンとの合一こそ、解脱にほかならないのです。かれは解脱は死後に実現するものと考えていたように思われます。シャーンディリヤの哲学の目指すところは、解脱にあったといっていいと思います。ブラフマンと合一するという意向を確固たるものとする実践の方法として、シャーンディリヤは、心の平静を達成し、ブラフマンをジャラーンとして念想することを説いております（第一詩節）。

このようなウパニシャッドの一体の観念は、魂と宇宙との普遍的な原理としてオーヴァーソウル（Over-Soul）の理論を説いた、アメリカの超越主義者たち（Transcendentalists）の指導者エマーソン(2)（Ralph Waldo Emerson　一八〇三〜一八八二）に影響を与えたといわれています（中村元『ウパニシャッドの思想』二五三頁）。

（1）タレース　前六二四ころ〜五四六年ころ。古代ギリシャの哲学者。七賢人の一人で、哲学の父といわれている。世界の根源を水であるとし、イオニア自然哲学の出発点をなした。また幾何学、天文学、航海術などに通じ、皆既日食を予言した。

（2）エマーソン　一八〇三〜一八八二年。アメリカの思想家・詩人。合理主義・物質主義を排して直観を重んじる超越主義を唱え、アメリカの思想・文学にロマン主義を開花させた。

第五章　有の哲学　哲人ウッダーラカの思想

ウッダーラカ・アールニ（Uddālaka Āruṇi）は、ウパニシャッドに登場する哲人の中で最も著名な思想家の一人であり、後世に大きな影響を与えました。彼は中国地方のクル・パンチャーラ出身のバラモンでした。かれの師は、かれによれば北部クル地方にいたマドラ族のパタンチャラ・カーピヤといわれていますが、ウパニシャッドでは、断片的に記されているにすぎません。「アルナの子であるウッダーラカ」を意味するその名前の通り、かれの父親はアルナで、師は実父のアルナであったともいわれています。

かれには、シュヴェータケートゥ（Śvetaketu）という名前の息子がおりました。『チャーンドーギヤ・ウパニシャッド』は、ある日、その父子の間に行われた有名な対話を次のように伝えております。

父と子の対話

一　オーム。かつて〔ウッダーラカ・〕アールニの子で、シュヴェータケートゥというものがいた。かれの父が、ある時かれにいった。

「シュヴェータケートゥよ。ヴェーダの学習のための修行生活を行え。愛児よ。じつにわれわれの一族の者の中には、〔ヴェーダの〕学習もしないで、ただ生まれだけでバラモンであるというような者は誰もいない」と。

（『チャーンドーギヤ・ウパニシャッド』六・一）

初期ヒンドゥー教の法典の中心的課題は、「種姓《しゅせい》法」と「生活期法」とです。そのうち種姓（ヴァルナ varṇa）は、前にすでに詳しく述べましたように、四階級、すなわちバラモン、王族（クシャトリヤ）、庶民（ヴァイシャ）、隷民（シュードラ）を指し、この四階級のおのおのに課せられた法が種姓法です。バラモンにはバラモンが守るべき義務があり、王族には、それとは異なる王族特有な義務が規定されているのです。

「生活期」（アーシュラマ āśrama）というのは、人生の理想型として考えられている四つの時期を指しています。すなわち、（1）入門式と呼ばれる儀式によって師から聖紐《せいちゅう》を受けてから、師のもとでヴェーダの学習をする学生期、（2）師のもとから帰って結婚をして家庭生活を営み、息子を得、日々の祭祀を行い、先祖のために祖霊祭を行う家住《かじゅう》期、（3）妻とともにあるいは独りで、世俗を離れて森林に住む林住《りんじゅう》期、そして最後に、（4）この世に対する執着を捨てて一定の場所にとどまらず、独りで聖地巡礼の旅などに出る遊行《ゆぎょう》期とです。この四つの生活期のおのおのについて規定されているもろもろの法が生活期法です。

ウッダーラカ・アールニの時代に、このようにはっきりとした法はまだなかったのではないかと思われます。しかしこの法にあてはめれば、シュヴェータケートゥはおそらく学生期にあったのでしょう。この時期には、まだ未婚で、入門式（ウパナヤナ）を済ませた後、家族から離れて師のもとで師に仕えてヴェーダの学習をする必要がありました。

次の詩節から判断すると、息子はそのときすでにおそらく一二歳になっていたと思われます。師についてヴェーダの学習のための修行生活（brahmacarya）を行うのは、通例バラモンの場合は七歳のときです。しかし、五歳、九歳、一〇歳の場合もあったようです。

しかしそれにしても一二歳というのは遅すぎで、おそらく父親は不出来な息子に少々業を煮やしていたのではないでしょうか。「われわれの一族の者の中には、〔ヴェーダの〕学習もしないで、ただ生まれだけでバラモンであるというような者は誰もいない」と、強く息子をたしなめて、ヴェーダの学習のための修行生活を行うように命じたのでした。

子の思い上がりをたしなめる

二　かれは一二歳になったとき、師に就き、〔一二年たってから〕二四歳ですべてのヴェーダを学習し終え、すっかり思い上がって、みずからすでに学問があると自惚れて、意気揚々として家に帰ってきた。そのとき父がかれにいった。（『チャーンドーギヤ・ウパニシャッド』六・一）

シュヴェータケートゥは、わずか一二年間で、すべてのヴェーダを学習し、すっかり思い上がって、意気揚々と先生のところから帰ってきました。その得意然とした顔が分かるような気がします。

確かにシュヴェータケートゥは大変な秀才であったのかも知れません。現存しているヴェーダ文献は、かつて存在したものの一部にすぎないといわれていますが、それでもきわめて膨大な文献群を形成しております。ヴェーダ文献が膨大で、それを修得することがいかに困難なことであるかについて、『タイッティリーヤ・ブラーフマナ』（三・一〇・一一・三〜四）は次のような興味深い挿話を載せております。

バラドヴァージャというバラモンがいて、三生を通じて独身でヴェーダの学習を行いました。あるときかれが老衰して横たわっていたときに、インドラ神がかれに近づいてきて、「もしわたしがお前に四番目の生を与えたならば、お前はその四番目の生で何をしたいと思うか」と尋ねました。バラドヴァージャは「さらに独身でヴェーダの学習をすることを望みます」と答えました。

そのときインドラ神は、なにものとも分からない三個の山の形のものを示し、そのおのおのの山から一握りずつを取りました。そしてバラドヴァージャに申しました。「これら三個のものはヴェーダです。ヴェーダはじつに無限であって、お前が三生を通じて学習したものです。その残りの部分こそが、お前のまだ学習していないところです」と。結局、インドラはバラドヴァージャに特殊な祭式の知識を授け、それによってかれは天界に達したと伝えております（辻直四郎『ヴェーダとウパニシャッド』一二三頁）。

一を知れば、一切を知ることができる教え

普通の人では三生を使っても不可能なことを、わずかに一二年間で実現したのですから、かれが少々思い上がってもやむを得ないかも知れませんが、そこはさすがに父親ウッダーラカ・アールニで

す。息子をたしなめたばかりか、難問を課することになります。

三 「シュヴェータケートゥよ、愛児よ。おまえは思い上がって、みずからすでに学問があると自惚れて、意気揚々としている。では、それによっていまだ聞かれないことがすでに聞かれたことになり、いまだ考えられないことがすでに考えられたものとなり、いまだ認識されないものがすでに認識されたものとなるような、あの教えを問い訊ねてきたのか」と。

〔子がいった、〕「父上さま。いったいその教えとはどのようなものですか」と。

（『チャーンドーギヤ・ウパニシャッド』六・一）

難問とは、「それによっていまだ聞かれないことがすでに聞かれたことになり、いまだ考えられないことがすでに考えられたものとなり、いまだ認識されないものがすでに認識されたものとなるような、あの教えを問い訊ねてきたのか」ということでした。残念ながらわがシュヴェータケートゥは、その教義の何たるかはおろか、それを師に訊ねることさえもいたしませんでした。一を知れば、一切を知り得る教え――シュヴェータケートゥのみならず、そのような教えの何たるかを知りたくなるではありませんか。

四 〔父がいった、〕「愛児よ。あたかも一個の土塊によって、土からなる一切のものが認識されるように、〔土が〕変化したものは〔ただ〕ことばによる把捉である。すなわち名称である。土ということこそ真実なのである」。

（『チャーンドーギヤ・ウパニシャッド』六・一）

ウッダーラカ・アールニは、その教えについて、まず比喩によって、暗示的に説明を試み、ある重要な一つのものを理解させようとしております。かれはある一つの重要なものの名称を直接挙げないで、その重要なものを一個の土塊の比喩によって示し、ちょうど土塊から変化して、例えば茶碗、鉢、土瓶など無数の変化物が作られますが、それらの変化物は、単に「ことばによる把捉」にすぎず、名称であって、「土」ということだけが真実にほかならない、と説明しています。さらにウッダーラカ・アールニは、そのある重要な一つのものを、第五、六詩節において土塊の代わりに、銅と鉄の比喩を用いて理解させようとします。

土塊、銅、鉄が比喩として用いられましたが、しかしよく考えてみますと、土塊は、土塊からの一切の変化物についてのみ真実であり得ますが、銅の変化物についても、鉄の変化物についても、真実ではあり得ません。現象界に見られるこれらのものは、この現象界のほんの限られた特殊な変化物についてのみ真実であるにすぎず、普遍性をもっておりません。では、この現象界の一切について、真実なる一つのものとは何でしょうか。

七〔子がいった、〕「じつに〔わたくしの〕先生がたは、それをご存じなかったに違いありません。もしご存じであったならば、どうしてわたくしに説かないでおられたでしょうか。父上、どうかわたくしにそれを教えてください」と。

〔父がいった、〕「愛児よ。そのようにしよう」と。

（『チャーンドーギヤ・ウパニシャッド』六・一）

シュヴェータケートゥは、自分の先生がたもその教えを知らなかったに違いないと思い、父親にその教示を願うことになります。シュヴェータケートゥの先生がたも知らなかった教義であったとすると、これから父親ウッダーラカ・アールニから説かれる教えは、おそらくかれの独創的な思想であったと推測されます。

真実なるものは有のみ

一　〔父がいった、〕「愛児よ。この〔宇宙〕は、太初においては、有《う》のみであった。それは唯一で、第二のものはなかった。ところが『太初において、これ〔宇宙〕は無のみであった。それは唯一で、第二のものはなかった。この無から有が生じた』という人々がいる。

二　しかし愛児よ。どうしてそういうことがあり得ようか。どうして無から有の生ずることがあり得ようか。そうではなくて、太初においては、愛児よ。この〔宇宙〕は有のみであった。それは唯一であって、第二のものはなかったのだ」。

（『チャーンドーギヤ・ウパニシャッド』六・二）

『リグ・ヴェーダ』によると、「神々の原初の時代において、有は無から生じた」（一〇・七二・二～三）と明言されています。『アタルヴァ・ヴェーダ』では、「その中に無と有とを含むスカンバを説け」（一〇・七・一〇）といって、宇宙の支柱スカンバは無と有の両者を含んでいることを示しています。『アタルヴァ・ヴェーダ』の他の箇所では、ブラフマンを「有と無との母胎」（四・一・一、五・六・二）であると讃え、また「有は無に安立し、生類は有に安立する」（一七・一・一九）とも説かれ、また「無より生ぜるそれ等の神は実に偉大なり」（一〇・七・二五）とも説かれています。ブラーフマナ文献に至っては、この一般的風潮にしたがい、「無」もまた一種の根本的原理と目され、「無」をはじめとする多数の創造神話を伝えています（例えば、『タイッティリーヤ・ブラーフマナ』二・二・九・一）。

ウパニシャッドにおいてもこの思想は継承され、「太初においてこの〔宇宙〕は無であった。それから実に有が生じた」（『タイッティリーヤ・ウパニシャッド』二・七）、あるいは「太初においてこの〔宇宙〕は無であった。それは有となった」（『チャーンドーギヤ・ウパニシャッド』三・一九・一）といわれています。

このような無を宇宙の根本原理とする考えが『リグ・ヴェーダ』以来、一般的になっていたように思われます。この主張を真っ向から否定したのが、ウッダーラカ・アールニでした。このことは、紀元前六世紀ころ活躍した古代ギリシャの哲学者パルメニデース(1)が、無から有の生ずることはあり得ないと主張したことを思い起こさせます。

ウッダーラカ・アールニは、その息子シュヴェータケートゥに、太初においては、宇宙は有のみであったという「有の哲学」を説き聞かせ、太初においてこの宇宙は有のみであって、無から有が生じたとする主張を強く否定したのでした。かれのこの有の哲学は、バラモンたちの正統説として定着し、後代のインド思想史に大きな影響を与えることになり、逆に無の哲学は、思想界の檜舞台から降りることになったのではないかと推測されます。

有とブラフマン

注釈者シャンカラは、この有を世界原因としてのブラフマンと解しております。しかしウッダーラカ・アールニは、ここで有を決してブラフマンと呼んではいません。なぜでしょうか。その理由は、中村元博士によって、「教えられる愛児シュヴェータケートゥは、師のもとでヴェーダを学んで帰ってきた。だからシュヴェータケートゥはブラフマンつまりヴェーダのことばに通暁《つうぎょう》していたのである。これに対してウッダーラカは、ヴェーダ的祭儀的性格を乗り越えようとしていた。だから、『ブラフマン』という語を避けて、単なる抽象概念としての〈有〉をもち出したのであろう」（中村元『ウパニシャッドの思想』二九〇頁）と説明されております。

もう一つ理由を挙げるとすれば、上述したように無の伝統の優勢な中で、ウッダーラカは世界原因としてのブラフマンということばを知っていたはずではありますが、ブラフマンよりも古く、かつ『リグ・ヴェーダ』にまで遡る世界原因としての有の伝統の復興者としての自覚があったからではないかと思います。

世界の唯一の原因をブラフマンであると主張する『ブラフマ・スートラ』（一・四・二三）やその注釈者たちは、世界原因であるブラフマン、すなわち有は、精神的原理であると同時に現実世界の一切万有を作る物質的素材であり、万有の精神的原理・物質的素材であるがゆえに、唯一の原因であるブラフマンを知ったならば、一切万有の本質を知ったことになると考えております。この意味に解することによって、「一を知れば、一切を知り得る」という聖典の約束と、土塊などとその変化物の比喩とに矛盾することはない、と主張しています。

いずれにいたしましても、太初においては、宇宙は有のみであり、それは唯一で、第二のものはなかったというウッダーラカ・アールニの「有の哲学」は、インド思想史の主流である、ブラフマン一元論を説くヴェーダーンタ哲学、とくに八世紀前半に活躍したシャンカラの幻影主義的ブラフマン一元論である不二一元論《ふにいちげんろん》(Advaita)の基盤となり、後代の思想界に与えた影響は決定的であったといってよいと思います。また有の観念も、「知」と「歓喜」とともに、絶対者ブラフマンの本質と見なされ、ブラフマンは純粋に存在するものであり、物質的ではなく精神的な存在であり、歓喜そのものであるとして、その体系の中に組み込まれていきます。

現象世界開展の思い

ウッダーラカ・アールニの哲学によれば、真実なるものは有のみであり、一切のものはこの有の変化物であるとすれば、では具体的にどのようにして、この現象世界の一切がこの有から展開してくるのでしょうか。そのことについてウッダーラカ・アールニは次のように述べています。

三　有は「わたくしは多くのものとなろう。わたくしは繁殖しよう」と思った。有は〔自分の中から〕熱を創出した。その熱は「わたくしは多くのものとなろう。わたくしは繁殖しよう」と思った。熱は〔自分の中から〕水を創出した。それゆえに、どこであっても人が熱くなるときには、汗をかく。そのときには、まさしく熱から水が生ずるのである。

（『チャーンドーギヤ・ウパニシャッド』六・二）

ろう。『ブラフマ・スートラ』（一・四・二四）やその注釈者たちは、聖典が「わたくしは多くのものとなろう。わたくしは繁殖しよう」という思念（abhidhyā）を説いているところに、世界原因である有が、一切万有の精神的原理でもあることの根拠を見出しています。思念する働きは、人格ある精神的な存在のみに可能なことです。このことは、聖典の説いている有は、そしてまた『ブラフマ・スートラ』のブラフマンは、中性的原理であるのみならず、人格的原理でもあったことを示唆しております。有の世界創造の思念が、世界創造を行う原因であると考えられています。

ウッダーラカは、現象世界がいかに有から開展したかについて、次のような神話的な説明をほどこしております。

四　その水は「わたくしは多くのものとなろう。わたくしは繁殖しよう」と思った。そこで水は〔自分の中から〕食物を創出した。それゆえに、どこであっても雨の降るところには、まさに食物が豊富となるのである。そのとき、食べられる食物はまさしく水から生ずるのである。

（『チャーンドーギヤ・ウパニシャッド』六・二）

一切万有の物質的素材であり精神的原理である有から、有の創造の思念によって、熱（火）が創出され、その熱から、その熱の創造の思念によって水が創出され、その水から、その水の創造の思念によって、食物が創出される、という順序で、この現象世界を構成する三元素が次々と成立することになります。

この場合の食物は、伝統的に地と解釈されるのが通例です（『ブラフマ・スートラ』二・三・一二参照）。この創造の活動は、有以外の何らの原因もなく、有の自己開展であると考えられております。この三元素の開展の後、どのようにして現実の現象世界を開展したかが次で説明されます。

現象世界の開展

二　この神格（有）は思った、「さあ、わたくしは生命であるアートマンとして、これらの三つの神格（火と水と食物）の中に入って〔現象界の〕名称と形態とをはっきりと開展しよう」と。

（『チャーンドーギヤ・ウパニシャッド』六・三・二）

この詩節では、有も、それから生じた火・水・食物の三元素も、区別なく「神格」（devatā）といわれております。これらはすべて「ことばによる把捉」にすぎず、有ということのみが真実であるからでしょう。有は、さらに、生命であるアートマンとして、三元素の中に入り、現象界のまだ未開展の状態にある名称と形態を開展しよう、と思念したのでした。名称は、各個体の名前であり、形態は各個体のもっている形と色を意味します。名称と形態で、一定の具体的な個体を指しています。したがって名称・形態を開展するということは、一定の具体的な個体あるいは個人を成立させるということを意味します。

ではどのように具体的に名称・形態を開展するのか、その方法が、次の詩節で説明されます。

三〔つづいて有は思った、〕「そうして、それら〔三神格〕のひとつひとつを、それぞれ三重にしよう」と。こういうわけで、かの神格（有）は、生命であるアートマンとしてそれら三神格（火と水と食物）のなかに入って、〔現象界の〕名称と形態とをはっきりと開展した。

（『チャーンドーギヤ・ウパニシャッド』六・三）

この説明によりますと、生命であるアートマンとして、三要素の中に入り、そのおのおのを三重にして、現実の個々のものの名称と形態を開展するのです。すなわち、三つの要素のうちの一つの要素が、それぞれ他の二つの要素と結合し、それぞれが質料となって現象世界の一切の物体を成立させると考えているのです。それゆえに、現象世界においてわれわれが経験する熱（火）・水・食物（地）は、それぞれ熱・水・食物を主要な成分としてはいますが、それだけではなくそのほかに他の二つの要素とも結合しているのです。これは後代のヴェーダーンタ哲学では三分結合説（trivṛtkaraṇa）といわれています。このような要素論は、要素の数や諸性質までも明示されており、諸ウパニシャッドの中でおそらく唯一の説であり、注目すべきです。

『ブラフマ・スートラ』では、別の「ウパニシャッド」（『タイッティリーヤ・ウパニシャッド』二・

一）に従って、ブラフマンから虚空が生起し、虚空から風、風から火、火から水、水から地が生起するとして、五元素の説をとりながらも、名称と形態の開展の理論としては三分結合説に拠っており、折衷的で、不徹底な態度を示しています。後世のヴェーダーンタ哲学になりますと、五元素全体が、現象世界を構成するとして五分結合説（pañcīkaraṇa）を主張するようになります。

四〔かれは、〕それらの〔三つの神格の〕ひとつひとつをそれぞれ三重にした。しかるに、愛児よ、これら三つの神格がどのようにしてそれぞれ三重となったのか――そのことを、わたくしから知りなさい。

（『チャーンドーギヤ・ウパニシャッド』六・三）

現象世界の三重の開展

三分結合とはどのようなものか、具体的に説明されます。

一〔父がいった、〕「〔燃える〕火における赤い形態は、すなわち熱の形態である。〔火における〕白い形態は、すなわち水の形態である。〔火における〕黒い形態は、すなわち食物の形態である。〔このように見るならば、燃える〕火から「火であること」は消え失せた。変化したものとは〔ただ〕ことばによる把捉である。すなわち名称である。三つの形態である、ということだけが真実なのである」と。

（『チャーンドーギヤ・ウパニシャッド』六・四）

この後、父が燃える火の代わりに、太陽、月、電光の例を出し、まったく同文が繰り返されますが、ここでは省略いたします。

父親のウッダーラカ・アールニは、燃える火（一）、太陽（二）、月（三）、電光（四）の例を出し、そのおのおのの赤い形態、白い形態、黒い形態は、それぞれ三元素の形態であるとしております。火も太陽も月も電光も、それぞれ相互に異なっているかのように見えますが、火であること、電光であること、食物であることは、消え失せてしまい、究極的には、じつは三つの形態、すなわち三つの元素に帰着します。われわれが経験する現象界の一切の事物のおのおのは、三つの元素の変化したもので、三つの元素の集合体にほかならず、その区別や多様性は、ただことばによる把捉の結果生じているにすぎません。現象界においてわれわれが現実に経験する食物（地）は、熱（火）・水・食物（地）の三元素からなっているのですが、とくに地の元素が優勢なために、地の元素の特性を著しく示しており、そのために「地」という名称で呼ばれているにすぎないのです。換言すれば、名称にほかならないのです。したがって三つの形態ということ、三つの元素ということだけが、真実なのです。

人間の三重の開展

では、人間の場合に、三元素はどのように三重になるのかが、次に説明されます。

一〔父がいった、〕「食物は、食べられると、三様に分けられる。それらのうちで、もっとも粗い部分は便となり、中間のものは肉となり、もっとも微細な部分は意《こころ》（思考器官）となる。

二　水は、飲まれると、三様に分けられる。それらのうちで、もっとも粗い部分は尿となり、中間のものは血となり、もっとも微細な部分は気息（呼吸）となる。

三　熱（燃焼性の食物、すなわち胡麻油・バターなど）は、摂取されると、三様に分けられる。それらのうちで、もっとも粗い部分は骨となり、中間のものは髄となり、もっとも微細な部分はことばとなる。

四　愛児よ。じつに、意は食物からなり、気息は水からなり、ことばは熱からなっているからである」と。

〔子がいった、〕「父上、もっとわたくしに教えてください」と。

父がいった、「愛児よ。よろしい」と。

（『チャーンドーギヤ・ウパニシャッド』六・五）

意（manas）は、今日の常識では、おそらく精神的な存在であると見なされると思いますが、ウッダーラカは、三つの要素の結合したもの、すなわち物質的なものであると主張しております。意のみならず、気息も、ことばも物質的なものと見なされております。この傾向は、後代のインド思想一般に継承され、ヴェーダーンタ哲学でも、それと対立するサーンキヤ哲学でも同様です。

以上のように、自然界も人間も、三つの要素から構成されているという思想は、後世のインド思想の有力な学派の一つであったサーンキヤ哲学の説く三構成要素説（triguna）の基礎となったといわれています。

サーンキヤ哲学は、宇宙の根本原理として、純粋精神プルシャと、根本物質プラクリティという二つの実体的原理を想定する二元論を主張しました。宇宙の質料因である根本物質は、サットヴァ（sattva 純質）、ラジャス（rajas 激質）、タマス（tamas 暗質）という三つのグナ（構成要素）からなっております。三つのグナは、色でいえば白、赤、黒に相当し、心理的にはそれぞれ快、不快、無気力を本質とし、作用としてはそれぞれ照明、活動、抑制の働きをなし、相互に依存し、支配し合う関係にあるとされています。根本物質は三つのグナを離れては存在することなく、三つのグナの平衡状態以外の何ものでもないとされています。根本物質も、それから開展した現象世界のいかなるものも、すべてこの三つのグナから作られているという考え方です。

ウッダーラカは、先に見たヴェーダの人間観を継承し、客観的な自然界を構成している要素と、人間の身体を構成している要素と同一であると考えていることは重要です。人間だけが特別の被造物であるというようなキリスト教的な人間観は見られません。

ウッダーラカ・アールニの教えは、次第に核心的な部分に入ってまいります。

お前はそれである――梵我一如

一　ウッダーラカ・アールニは、〔自分の〕息子であるシュヴェータケートゥにいった。「愛児よ。睡眠の状態をわたくし〔の説くところ〕から理解せよ。「人が眠っている」といわれる場合には、愛児よ。人はそのとき有と合一しているのである。自己に到達しているのである。それゆえに、人々はかれのことを「眠っている」というのである。なんとなれば、かれは自己に到達しているからである。

（『チャーンドーギヤ・ウパニシャッド』六・八）

本詩節では、「人が眠っている」(puruṣaḥ svapiti) と日常いわれている睡眠の状態は、有と合一している状態 (satā sampannaḥ) であるということ、すなわち解脱の状態 (あるいはそれに近い状態) であることを、ウッダーラカ・アールニは、「眠っている」を意味するサンスクリット語 svapiti の通俗的な語源解釈によって説明しております。かれによれば、svapiti は語源的には「自己」(sva) に「到達している」(apīta) という意味であり、したがって自己すなわち「有」に到達している、合一している状態を意味するというのです。

ここでいわれている「睡眠の状態」は、八世紀前半に活躍したシャンカラによれば、「熟睡状態」を意味しています。熟睡状態においては、わたくしたちの常識とは反対に、インドにおいては、わたくしたちの意識はきわめて明晰ですが、ことばも、こころも、感覚器官もすべて、その働きを停止し、個我は最高我に帰入すると考えられています。

この後ウッダーラカは、紐でつながれた鳥の比喩によって、あるいは通俗的な語源解釈によって、一切の生きとし生けるものは、「有を根とし、有を拠り所とし、有を根底としている」ことを教示し、さらに有から三神格 (三要素) が創出され、それが人間の中に入って、そのおのおの、それぞれが三重になることをすでに前に述べたとして、注意を喚起しています。そして人間が死ぬと、まずことばが思考作用のうちに合一し、思考作用は生気の中に合一し、生気は熱の中に合一し、熱は最高の神格、有に合一すると説き (六・八・二〜六)、次のように続けています。

七「この微細なるものはといえば――この一切（全宇宙）はそれを本質とするものである。それは真実である。それはアートマンである。お前はそれである。シュヴェータケートゥよ」と。
〔子がいった、〕「父上、さらに、わたくしに教えてください」と。
〔父が〕いった、「愛児よ。よろしい」と。（『チャーンドーギヤ・ウパニシャッド』六・八）

「この微細なるもの」は、一切の生きとし生けるものの根底をなしている有にほかなりません。この一切は、全宇宙は、この有を本質としているものです。それは真実であり、それがアートマンにほかならず、お前はそれである、と断言しています。

第八詩節を締めくくっている「この微細なるものはといえば――この一切はそれを本質とするものである。それは真実である。それはアートマンである。お前はそれである。シュヴェータケートゥよ」という文言は、この二人の対話の中で合計九回繰り返されています。ウッダーラカが、もっとも強調したかった点であろうということは間違いないと思います。

とくに「お前はそれである」（tat tvam asi）という文言は、われわれの内にあるアートマンが、本質的に絶対者ブラフマンと同一であることを端的に示す文章として、そしてウパニシャッド全体の中心思想を的確に表現している文章として、今一つの重要な文章「わたくしはブラフマンである」（aham brahmāsmi）とともに、きわめて有名です。とくにヴェーダーンタ学派の中の不二一元論を主張するシャンカラならびにその後継者たちによって、自分たちの立場を明確に表現している文章として、大文章（mahāvākya）といって、大変に尊重しております。シャンカラは、その作品『ウパデーシャサーハスリー』（拙訳、岩波文庫、一九八八）の中の最も長く、最も充実した「お前はそれである」と題する第一八章を、この文章の説明・解釈にあてております。

ウッダーラカ・アールニの思想は、前章で検討したシャーンディリヤの思想を継承し、それをさらにより論理的・神話的に発展させたものであると、見ることができると思います。シャーンディリヤがまったく言及しなかった唯一の原因である有からの現象世界の開展の次第が、かなり詳細に論じられております。

しかし個人存在の本体アートマンと、絶対者ブラフマンとの関係をめぐっては、その後大きな論争を生み、絶対に同一であるとするシャンカラの不二一元論から、両者はまったく別のものであると主張する一三世紀に活躍したマドヴァ（Madhva 一二三八～一三一八）の二元論に至るまで、多様な理論が展開されて、ヴェーダーンタ学派にはいくつもの分派が生まれ、今日に至っております。なぜそのような大きな論争となったかといえば、中世になってから澎湃として盛んになった、神に対する信愛・信仰の問題を、いかにして権威あるヴェーダーンタ哲学によって基礎づけることができるか、ということが原因でした。

ブラフマンとアートマンとがまったく同一であるとするシャンカラの哲学によっては、信愛・信仰の問題を基礎づけることは不可能であり、事実、シャンカラの思想においては、信愛・信仰の問題は無視されているといってよい状況で、人格神は低い位置に置かれております。他方、ブラフマンとアートマンとの間には永遠不変の別異性があるとするマドヴァの場合には、「お前はそれである」という文章を、まったく反対の意味の「お前はそれならざるものである」（atat tvam asi）と解し、a-という否定詞が、「それ」(tat)から脱落したと説明しています。そして人格神に対する信愛・帰依を強調しております。

マドヴァの思想は、キリスト教などにやや類似したものとなっているので、キリスト教などの影響が学者の間で論議されています。それに反して「お前はそれなり」という考え方は、イスラム教の神秘主義(2)(Sufism)と類似しており、イスラム神秘主義に対してヴェーダーンタ哲学や仏教などの影響があったであろうと指摘されております。

この後、この『チャーンドーギヤ・ウパニシャッド』は、蜂蜜の比喩(六・九)、河川の比喩(六・一〇)、樹木の比喩(六・一一)、バニヤン(榕樹)の比喩(六・一二)、塩水の比喩(六・一三)、目隠しされた人の比喩(六・一四)、重体に陥った人の比喩(六・一五)、手を縛られた人の比喩(六・一六)を巧みに用い、その後でおのおの次のような定型句が繰り返されています。

「この微細なるものはといえば――この一切(全宇宙)はそれを本質とするものである。それは真実である。それはアートマンである。お前はそれである。シュヴェータケートゥよ」と。
〔子がいった、〕「父上、さらに、わたくしに教えてください」と。
〔父が〕いった、「愛児よ。よろしい」と。

(『チャーンドーギヤ・ウパニシャッド』六・九～一六)

(1)パルメニデース　古代ギリシャの哲学者(前五一五ころ～四五〇ころ)。エレア学派の祖。「あるものはある、ないものはない」という論理的命題から出発し、真にあるところのものは連続一体・不生不滅で不動不変の球体であると主張。一切の変化を仮象として斥けた。

（2）イスラム神秘主義　スーフィズム。イスラム教で崇拝される超越神ではなく、あらゆるところに存在し、作用し、天よりも人の心に住む唯一の存在を崇拝する。自我の意識を消滅し、神との神秘的合一の境地を目指す。

第六章 業 ヤージュニャヴァルキヤの教え 一

哲人ヤージュニャヴァルキヤ

ヤージュニャヴァルキヤは、ウパニシャッドにおいて最も重要な思想家で、その思想は、『チャーンドーギヤ・ウパニシャッド』とともに二大ウパニシャッドといわれる『ブリハッド・アーラニヤカ・ウパニシャッド』の中に収録されています。かれの生存年代は、正確なことは分かりませんが、ゴータマ・ブッダ（紀元前四六三ころ～三八三ころ）よりも以前であり、おそらく紀元前六五〇～五五〇年ころと推定されています。

しかしヤージュニャヴァルキヤの生涯については不詳であるばかりではなく、ヤージュニャヴァルキヤは二人いたという説もあります。また三人いたという説もありますが、今はこの問題に立ち入ることは避けたいと思います。思想家としてのヤージュニャヴァルキヤの人柄やその生涯の一端は、これから引用する『ブリハッド・アーラニヤカ・ウパニシャッド』本文からお分かりいただけるかと思います。

哲学者の公開討論会

ヤージュニャヴァルキヤの思想は、かれとは対立する思想を抱いている人との対談・討論の形で展開されています。これはギリシャのプラトーンの諸対話篇に見られるディアレクティケーを彷彿とさせるものがあります。そのような討論を可能にするような場面を提供したのは、主としてそのような討論を好んだ王侯が主催する哲学者の討論会でした。

一　ヴィデーハ国のジャナカ〔王〕が、〔司祭僧に〕たくさんの布施をする祭祀を行った。そこには、クル・パンチャーラ地方のバラモンたちが集まっていた。そのとき、ヴィデーハ国のジャナカ王は、「これらのバラモンたちの中で、ヴェーダ聖典にもっとも通暁しているのは、一体、誰であろうか」ということを知りたいと思った。そこでかれは一〇〇〇頭の牛を囲いの中に入れ、それぞれの牛の二本の角に一〇パーダずつの〔黄金〕を結びつけておいた。

二　王はかれらにいった、「尊いバラモンがたよ。あなたたちの中で、バラモンとしてもっともすぐれた方が、これらの牛を連れて行きなさい」と。かれらバラモンたちは、誰一人として名のりでなかった。するとヤージュニャヴァルキヤが自分のヴェーダ学習中の弟子にいった、「おいサーマシュラヴァよ、これらの牛を連れていけ」と。弟子はそれらの牛を連れだした。かれらバラモンたちは、「どうしてかれは自分がもっともすぐれたバラモンであるといえるのであろうか」といって怒った。

（『ブリハッド・アーラニヤカ・ウパニシャッド』三・一）

ここに言及されているジャナカ王は、当時、英知ある哲人として有名であり、後に触れますように、かれ自らヤージュニャヴァルキヤと哲学的諸問題について対論しています。ジャナカ王のヴィデーハ（Videha）国は、ほぼ今日の北ビハールのうちのミティラーを首都とし、ガンガー（ガンジス）河中流域の北方に位置していました。

ジャナカ王は大規模な祭祀を行い、莫大な布施をバラモンたちに与えました。そのためにジャナカ王の宮廷には、近隣のコーサラ国やクル・パンチャーラ国からたくさんのバラモンが集まってきて、公の討論会が開かれました。ここに引用した箇所は、そのような情景をよく示しており、このような討論会が、伝統と階級制度に囚われがちのバラモン教的な閉鎖性をうち破って、自由な思想の交換を可能にし、斬新な思想を盛り込んだウパニシャッド編纂の土壌となったと思われます。

それにしてもこのジャナカ王の悪戯好きといいますか、ユーモア精神といいますか、興味深いものがあります。また、ここに見るヤージュニャヴァルキヤは、じつに尊大で、強欲で、哲人としてはすぐれていたのでしょうが、あまり好感のもてる人物ではなかったように思います。『ブリハッド・アーラニヤカ・ウパニシャッド』では、この後、司祭僧アシュヴァラをはじめとする質問者が次々と質問を発し、ヤージュニャヴァルキヤがそれに答えるという形で進行し、かれの学識の前にやがて質問者が次々と沈黙します。このような沈黙に追い込まれる質問者の中には、ヤージュニャヴァルキヤの師といわれるウッダーラカ・アールニまでも含まれています（三・七）。また女性の思想家ガールギーがそのような討論会に出席し、堂々と当代随一の哲人に立ち向かっている（三・六）ことは注目を引きます。

業の問題

このような討論の中で重要な問題の一つは、業《ごう》（karman）の問題です。ジャーラトカーラヴァ・アールタバーガが、ヤージュニャヴァルキヤに種々の質問をし、最後に次のように訊ねます。

一三 「ヤージュニャヴァルキヤよ」と〔アールタバーガが〕訊ねた、「この世で人が死んだときには、その人のことばは火に帰入し、気息は風に、眼は太陽に、思考作用は月に、耳は方位に、肉体が地に、アートマンが空間に、身毛が草に、頭髪が森の樹木に〔帰入し〕、血液と精液とが水に帰入する場合に、そのときこの人はいったいどこにいるのでしょうか?」
〔ヤージュニャヴァルキヤは答えた、〕「愛するものよ、〔私の〕手をとれ、アールタバーガよ。これについてはわれわれ二人だけが知っていることにしよう。このことは、公に語るべきことではない」と。
かれら二人は出ていって、〔考えを〕述べ合った。それはまさしく、業についてであった。このときかれら二人が讃えたこと、それはまさしく業についてであった。「〔人は〕よい業によって善いものとなり、悪い〔業〕によって悪いものとなる」と〔ヤージュニャヴァルキヤはいった〕。そこでジャーラトカーラヴァ・アールタバーガは沈黙した。

（『ブリハッド・アーラニヤカ・ウパニシャッド』三・二）

このように、アールタバーガは質問をやめたと、ウパニシャッドは伝えています。

ここで思い起こされるのは、前に述べたシャーンディリヤの思想です。かれによれば、「人は意向（kratu）からなる」ものであり、人は死後に、平生心に思っていた通りのものになるという考え方です。とくに臨終の際の意向が重要な意味をもっております。シャーンディリヤはまだ業の思想を知らず、かれの時代には生前の意向が、特に臨終の意向が「この世を去って後」のことを支配すると考えられていたのだと思われます。しかしこの意向の思想では、どんなに悪いことをしても、臨終の際に意向を正しい方向に定めればよいということにもなりかねません。

この対話の中ではじめてヤージュニャヴァルキヤは、当時としてはまったく新しい思想で、人前では話せない業の秘説を明かしたのではないかと推測されます。業の思想によれば、人間の死後の在り方を決定するのは、その人間が生前中に行う行為の全体です。それに反して、意向の思想によれば、とくに臨終の意向がその人間の死後の在り方を決定するのですから、生前中にどんな悪い行いを行っていても、それは問題にならないという欠点があります。業の思想は、この意向の思想の欠点を補うものといえましょう。

しかしアールタバーガがここで質問をやめてしまったために、この会話だけでは業とは何か、ということが明瞭に語られているとは言いがたいと思います。しかしヤージュニャヴァルキヤは、後に触れることになりますが、別のところ（『ブリハッド・アーラニヤカ・ウパニシャッド』四・四・一〜七）で、人間の臨終の際にアートマンが身体から離脱する過程を説明する際に、もう少しはっきりと業について語っています。

それによると、臨終に際してアートマンは、生気（生体を維持する諸機能）などを集めて心臓に降りていきます。するとその心臓の尖端が輝き、その光明とともに、アートマンは眼、頭あるいは他の場所から肉体を去る――なにか最近話題になっている臨死体験にあたって必ず起きる体外離脱を想起させます。そのときアートマンは認識能力を備えて降下しますが、明智と前生の記憶のほかに業もまたそのアートマンに付随するというのです。

ヤージュニャヴァルキヤはさらに言葉を続けます。

五　このアートマンはじつにブラフマンである。かれは認識からなり、思考作用からなり、……法からなり、非法からなる。かれはありとあらゆるものからなる。〔要するに〕かれはこれからなり、あれからなるものである。〔人はこの世において〕行った通り、実践した通りになるのである。善を行うものは善となる。悪を行うものは悪となる。善い行為によって善人となり、悪い行為によって悪人となる。しかし〔他の人々は〕「人はただ欲望からなるものである」という。〔しかしわたくしはそれに答える〕かれは欲望するように意向するものとなり、意向する通りに行為を行い、行為を行うと、その〔行為に応じた結果〕となるのである。

（『ブリハッド・アーラニヤカ・ウパニシャッド』四・四）

このヤージュニャヴァルキヤの発言は、「われわれの欲望の傾向と魂の本性の通りに、各人はその通りになる」と言ったギリシャの哲人プラトーンの言葉と一脈相通ずるものがあるように思われます。

またシャーンディリヤの「人は意向（kratu）からなる」という説に対して、「人はただ欲望（kāma）からなるものである」という説を紹介し、しかも両者の折衷説を示しています。すなわち欲望を最も根源的な原因と見なして、欲望から意向が生まれ、意向から行為が起こり、その行為に応じた結果を生むとしております。これはシャンカラが欲望の原因として無明《むみょう》を置き、無明↓欲望↓行為（avidyā-kāma-karman）という合成語をよく使っているのを想起させます。

以上のような、業に関するヤージュニャヴァルキヤの考えによると、業は、人間が死ぬときに、生気や明智と前生の記憶などとともに、アートマン（霊魂）に付随していき、来世において、その業にふさわしい結果を得ることになり、その業が善いか悪いかによって、善人になったり悪人になったりするのです。

この最初期の業の観念は、組織的に説かれてはいないとはいえ、後代に見られる業の観念の本質的な要素をそなえているといってもよいように思われます。また生気などを伴ったアートマンの観念は、後世のサーンキヤ学派が微細身と呼ぶ輪廻の主体となるもので、ヴェーダーンタ学派などの諸哲学学派にも引き継がれていきます。業の観念は後代においてさまざまに論じられ、仏教ではヴァスヴァンドゥ（世親《せしん》）の『倶舎論《くしゃろん》』の業品《ごうほん》などに詳論されるようになります（中村元『ウパニシャッドの思想』四六二、六八四頁参照）。

しかし業の考え方は運命とは異なります。運命は、第三者によって定められたもので、人がどんなに善い行為を行っても、それから逃れることができないものです。そこには自由意志の余地はありません。しかし業は、自分の自由意志によって善い行為を行えば、よくなり、しかも自分で意志すれば、その業からまったく自由となることもできるのです。すなわち解脱《げだつ》の可能性も認められているのです。

第七章 輪廻 ヤージュニャヴァルキヤの教え 二

臨終について

『ブリハッド・アーラニヤカ・ウパニシャッド』の中でのハイライトは、ジャナカ王とヤージュニャヴァルキヤとの対話が始まる第四章にあります。求道心の熱いジャナカ王は、ヤージュニャヴァルキヤに次々と質問し、ヤージュニャヴァルキヤが素晴らしい返答をするたびごとに一〇〇〇頭の牝牛を贈って、さらにまたヤージュニャヴァルキヤの教えをかれの口から巧みに引き出すのです。

あるときヤージュニャヴァルキヤは、「今日は語るまい」と思って王のところに行くのですが、結局語るはめになって第四章第三～四詩節が始まります。その第四詩節の始まる直前（四・三・三八）になって、人の臨終の話題が持ち上がります。臨終のときには、すべての機能がアートマンのところに集まってきます。

一 〔ヤージュニャヴァルキヤはいった、〕「このアートマンが無気力に陥り、いわば意識不明に陥ると、これらの生活機能はそのアートマンのもとに集まってくる。アートマンは輝く活力の〔微細な〕要素をとりまとめて心臓に降りていく。この視覚機能のプルシャ（視覚作用の本体）がかなたに向かって退去してしまうと、〔人は〕色・形を識別しない者となる。

二　そこで世人はいう、『かれは一体に帰した。かれは〔何ものをも〕見ない』と。またいう、『かれは一体に帰した。かれは香りを感じない』と。またいう、『かれは一体に帰した。かれは味を感じない』と。またいう、『かれは一体に帰した。かれは言葉を話さない』と。またいう、『かれは一体に帰した。かれは音を聞かない』と。またいう、『かれは一体に帰した。かれは考えない』と。またいう、『かれは一体に帰した。かれは触れて感じない』と。またいう、『かれは一体に帰した。かれは認識しない』と。

〔そのとき〕かれのこの心臓の先端は明るく輝く。その輝きによってこのアートマンは眼から、あるいは頭頂から、あるいはその他の身体の部分から外へ出ていく。アートマンが出て行った後に従って生気が出ていく。出ていく生気の後に従ってすべての生活機能が出ていく。〔そうして〕かれは認識作用をそなえているものとなる。認識作用を有するものだけが、かれに従って出ていく。知識と業《ごう》とがかれをとらえて連れ去る。また前生（いま終わった生涯）に関する記憶も〔かれを〕とらえて連れ去るのである」。　（『ブリハッド・アーラニヤカ・ウパニシャッド』四・四）

以上のように、人間の臨終の状態とそのとき体外に去るアートマンの動きを、必ずしも明瞭ではありませんが、かなり具体的に描いています。

輪廻について

三　ちょうど草の葉につく毛虫が葉の先に達し、さらに一歩を進めてその身を収縮するように、このアートマンはこの肉身を捨て、無意識状態を離れて、〔別の身体へと〕さらに一歩を進めてその身を収縮し〔次の生存に移るのである〕。

四　ちょうど装身具をつくる金工が、黄金の小部分を〔装身具の〕材料として取って、さらにいっそう新しい、いっそう美しい形を造り出すように、このアートマンも、この肉身を捨て、無意識状態を離れて、別のもっと美しい形――あるいは祖霊の、あるいはガンダルヴァの、あるいは神の、あるいは造物主の、あるいはブラフマー（梵天）の、あるいは他の生物の〔形〕――をとる。

六　〔ヤージュニャヴァルキヤはつづけた、〕「これについて、〔次の〕詩句がある。
それゆえにこそ、執着のある人は、〔輪廻における〕微細な原理であるかれの心が執着しているところに、業とともに赴く。この世においてかれがいかなることをなそうとも、その行為の終末（報い）を得て、かの世から、またもとどおりこの世に還ってくる。――行為をなすために。

以上は欲望をいだいている者である」。（『ブリハッド・アーラニヤカ・ウパニシャッド』四・四）

前述したように、ヤージュニャヴァルキヤによると、臨終に際してアートマンは、生気などを集めて心臓に降りていき、眼、頭あるいは他の場所から身体を去りますが、その身体を離れたアートマンはやがて別の身体をとることになります。ちょうど草の葉につく毛虫が葉の先に達し、さらに一歩を進めてその身を収縮するように。これが輪廻《りんね》です。

輪廻思想の起源については推測の域を出ませんが、最初はインドの先住民から示唆を受けたものともいわれています。ギリシャ哲学においても、この種の考え方はなかったわけではありませんが、インドほどに民族全体にわたって広くかつ深く信奉されたところはないと思います。すべてのインドの哲学諸体系も、おそらく唯物論を唯一の例外として、この輪廻思想を前提としているのです。

王族だけの教え、五火二道説

輪廻思想がはっきりとした形で説かれるに至ったのも、業の思想と同じく、古ウパニシャッドにおいてです。パンチャーラ国王プラヴァーハナ・ジャイヴァリは、哲人ウッダーラカ・アールニの求めに応じて、人間の死後の運命に関して、かつてバラモンに伝わったことのない、王族だけの教えであった「五火説」と「二道説」(『ブリハッド・アーラニヤカ・ウパニシャッド』六・二・一〜一六、『チャーンドーギヤ・ウパニシャッド』四・一五・五〜六、五・三・一〜一〇)とを教示したといわれています。

あるとき、ウッダーラカ・アールニの息子シュヴェータケートゥは、パンチャーラ族の部族集会に出席しました。その折、プラヴァーハナ・ジャイヴァリがシュヴェータケートゥに、「若者よ、そなたの父はそなたに教えを授けたか」と質問した際、シュヴェータケートゥは「はい、私に教えてくれました」と答えました。そこで、プラヴァーハナ・ジャイヴァリは、シュヴェータケートゥに、(1)「生きとし生けるものは死後、この世からどこへ行くのか」、(2)「それらがどんなふうにして再びこの世に戻ってくるのか」、(3)「神道と祖道とがはっきり分かれているのを知っているのか」、(4)「なぜあの世が死者で一杯にならないのか」、(5)「第五番目の祭火への献供のとき、どうして水が人間の言葉を話すのか」、という難しい五つの質問を矢継ぎばやに訊ねました。

ところが、シュヴェータケートゥがこれら五つの質問のうちどの一つにも答えることができず、プラヴァーハナ・ジャイヴァリから「こんなことについて知らない者がどうしてすでに父から教わったと言えるか」と辱められて、がっかりして父親のもとに帰ってその旨を報告しました。

それを聞いて、父親ウッダーラカ・アールニは自分も知らなかったと告白し、父親自身が王のところへ出かけていって、王に教えを請うたのです。王は当惑しましたが、この知識はかつてバラモンに伝えられたことはなく、王族だけの教えとなっていたことを明らかにしてから、五火説と二道説の説明を与えました。

五火説の基礎には水を生命の根源とする思想があるといわれています。それによると、死者が火葬に付されると、その生命である水は火葬の煙となって天界に昇り、まず、(1)月に到る。水が月に満ちると、(2)雨となって地上に降る。地上に降った水は、草木の養分として摂取されて、(3)食物となる。食べ物は食されて、男子の(4)精子となる。性交によって、母胎に入って、(5)胎児となって、この世に再生する、というのです(『チャーンドーギヤ・ウパニシャッド』五・四〜九)。

この五火説は、水を生命の根源とする思想と、当時行われていた火葬の習慣と来世信仰とを降雨の自然現象と結びつけて、無限に繰り返す輪廻の五段階の過程を、五個の供犠の祭火になぞらえて説明しているように思われます。

二道説の場合の「二道」というのは、死者のたどる道である「神道」と「祖道」とを指しています。神道は、五火の教義を知っている人々、および森林において「信仰は苦行である」と念想する人々の死後たどる道です。死後、火葬に付されると、まず（1）炎に赴きます。炎から（2）昼に、昼から（3）月の満ちる半月に、月が満ちる半月から（4）太陽が北行する六カ月に、太陽が北行する六カ月から（5）歳に、歳から（6）太陽に、太陽から（7）月に、月から稲妻に赴きます。そこに人間ではない不死の人（プルシャ）がいて、稲妻に来たものたちを、（8）ブラフマンへ連れていきます――この道が神道です。

他方、祖道は、村落において「祭祀と浄行とは布施である」と念想する人々が死後たどる道です。火葬に付されると、（1）火葬の煙に赴き、煙から（2）夜に、夜から（3）月の欠ける半月に、月の欠ける半月から（4）太陽が南行する六カ月に赴き、太陽が南行する六カ月から、（5）祖霊の世界に、祖霊の世界から（6）虚空に、虚空から（7）月に赴きます。

この月に祭祀・浄行の果報がある間とどまったのち、かれらは来たときと同じ道を再び（8）虚空へ戻り、虚空から（9）風に赴きます。かれらは風となり、次いで順次（10）煙、（11）霧、（12）雲、（13）雨となって地上に降り、米・麦・草・木・胡麻・豆としてこの世に生まれます。ここからは、抜け出すことがじつに難しいとされています。なぜなら誰かがかれらを食物として食べ、食物が変じた精子を射出するときに、再び母胎に入って再生するという課程が必要であるからです。いずれにしても、このように進む道が祖道といわれています。

しかもこのように地上に再生する際、そのものは前と同じ境遇に再生するのではありません。どのような境遇に生まれるかは、この世での行いの如何によるとされています。すなわち、この世で好ましい生活を行っている人々は、好ましい母胎――すなわちバラモンの母胎かクシャトリヤの母胎か、あるいはヴァイシャの母胎――に入ります。しかしこの世で好ましくない生活を行っている人々は好ましくない母胎――すなわち犬の母胎、豚の母胎、あるいはチャンダーラ（不可触民）の母胎――に入る、と説かれています。

前述の二道の諸階梯のうち、昼、月の満ちる半月、太陽が北行する六カ月、夜、月の欠ける半月、太陽が南行する六カ月は、空間的な観念ではなく時間的観念ですから、死者がそれらに赴くということは理解しがたいのですが、これはブラーフマナ文献の思惟方法をそのまま受けたもので、抽象概念も時間的観念もすべて実体性を有すると考えられ、物質的な事物と区別なく扱われているのです。

このほかに、その二つの道に入ることができない極悪人が落ちるべき「第三の場所」があります。この場合の極悪人は、黄金を盗むもの、スラー酒（穀酒）を飲むもの、師の床を汚すもの（師の妻を犯すもの）、バラモンを殺すもの、およびこれらと交わるものであるといわれています。

プラヴァーハナ・ジャイヴァリの説く二道説の大要は以上の通りですが、簡単にいえば、神道は解脱する人がたどる道であり、祖道は善人のたどる道であり、第三の場所は悪人の赴くべき場所であるといえるでしょう。このように輪廻するので、あの世で死者の世界が死者で一杯にならないと説明しています。またこの第三の場所が後代になると、地獄の観念に発展していくことになります。五火説と二道説とは、本来、思想内容を異にしていますが、人が死後、月の世界に赴いてから、さらに地上に再生すると説く点で一致するために、「五火二道説」としてあわせて言及されるのが通例です。

第八章 解脱　ヤージュニャヴァルキヤの教え 三

本章では、前章に引き続いてヤージュニャヴァルキヤとジャナカ王との対話を取り上げたいと思います。前章では、業《ごう》と輪廻《りんね》の問題を取り上げましたが、本章ではまず解脱《げだつ》が両人の間の話題になります。

解脱について Ⅰ

前章では、執着をもっている人のアートマンが問題になりました。ヤージュニャヴァルキヤによれば、その人のアートマンは、あたかも毛虫が草の葉から他の草の葉に移るように、今の身体を去って後、直ちにその人の知識と業と前世に関する記憶をともなって、微細な原理である心が執着しているところに赴き、その業の報いを得て、また再びかの世からこの世に行為をなすために還ってくると述べています。

では、もはや欲望を起こさない人の場合はどうなるのでしょうか。ヤージュニャヴァルキヤは次のように説いています。

六　……次に欲望を起こさないもの〔解脱した人〕を説こう。欲望をもたず、欲望を離れ、すでに欲望を達成し、アートマンのみを欲している人、その人の生気は出ていかない。その人はブラフマンそのものであるがゆえに、ブラフマンに帰入するのである。

七　これについて〔次の〕詩句がある。

かれの心臓に宿っている欲望がすべて捨て去られると、死すべきもの〔人間〕は不死となり、この世でブラフマンに到達する。

したがって、たとえば、蛇の抜け殻が、生命なく、脱ぎ捨てられて、蟻塚の上に横たわっているように、この身体もそれと同様に横たわる。しかし身体のないこの不死なる生命は、ブラフマンそのものであり、光熱そのものである。

〔そこで〕ヴィデーハ国のジャナカ〔王〕は、「それでは、わたくしは貴方に一〇〇〇頭〔の牛〕を贈りましょう」といった。

（『ブリハッド・アーラニヤカ・ウパニシャッド』四・四）

このヤージュニャヴァルキヤの説明によれば、「欲望をもたず、欲望を離れ、すでに欲望を達成し、アートマンのみを欲している人、その人の生気は出ていかない」といいます。欲望がなければ行為は起こらず、業は蓄積されることもなく、輪廻に赴くべき原因がまったくなくなります。欲望をもっている人の場合と異なって、諸生気が出ていかないということは、アートマンも出ていかず、輪廻をしないという意味であろうと解されます。そのとき人間はすでにブラフマンそのものであり、ブラフマンに帰入するといわれています。かれは当然不死となり、身体の中にありながらブラフマンに到達します。その場合、この身体は、あたかも蛇の抜け殻が「蟻塚の上に横たわっているように」、抜け殻同然となっているといわれています。ジャナカ王は、この話に満足したのでしょう、気前よくまた一〇〇〇頭の牝牛をプレゼントしたのでした。

では、このブラフマンを知った人、すなわち理想とされる聖者の境地とはどんなものなのでしょうか。ヤージュニャヴァルキヤによれば、この偉大な、不生であり、不老不死で、恐怖のないアートマンは、ブラフマンであり（『ブリハッド・アーラニヤカ・ウパニシャッド』四・四・二五）、ブラフマンを知った人、すなわち理想とされる聖者のもつ威力は、常恒であり、行為によって増大することもなければ、より小さいものとなることもなく、悪い行為によって汚されることもありません。それゆえに、理想の聖者は、安静に帰し、身を制し、休止し、耐え忍び、心を統一したものとなって、自分自身のうちにアートマンを見るばかりか、ありとあらゆるものをアートマンとして見る、といわれていきます。かれは、ブラフマンの世界にあって、すべての悪にうち克ち、悪を離れ、汚れを離れ、疑いを離れ、真のバラモン、すなわちブラフマンを体現する者となる、といわれています（『ブリハッド・アーラニヤカ・ウパニシャッド』四・四・二三）。

解脱について II

ヤージュニャヴァルキヤは、同じウパニシャッドの別の箇所で、解脱に対する別の見解を述べています。それを検討してみましょう。

ある日、ヤージュニャヴァルキヤは、ヴィデーハ国のジャナカ王のもとに赴き、二人の間で例のごとく対論が始まりました。最初に、王がヤージュニャヴァルキヤに「人間は何を光としているのか」と質問し、それに対してヤージュニャヴァルキヤは、最終的に「人間はアートマンを光としている」と答えます。そこで王が「アートマンとはいったいどんなものですか」と訊ねたのに対して、ヤージュニャヴァルキヤが答えます。

七　認識からなり、諸生気の中にあり、心臓の中にある内部の光であるプルシャなるもの、それが〔アートマンであり、すべてのものに〕共通であって〔この世界とあの世界との〕二つの世界を動きまわる。それはあたかも瞑想するかのようであり、あたかも動揺するかのようであり、夢眠〔の状態〕となってこの世界ともろもろの死を超越する。

八　このプルシャは、生まれ、肉体を得るとき、悪と結合する。それが〔この世を〕去り、死ぬとき、諸悪を捨てる。

九　このプルシャには、ただ二つの状態があるのみである。すなわちこの世にある状態とあの世にある状態とである。第三の〔両状態をつなぐ〕接続状態は、夢眠状態である。この接続状態にあって、人は両方の状態を見るのである。

さて、かれがあの世にある状態へ入っていく程度に応じて、それだけ〔ブラフマンの世界に〕入ると、かれは〔この世の〕悪と〔あの世の〕歓喜の両方を見るのである。かれが眠るとき、あらゆるものを包含しているこの世界の〔微細な〕要素を取って、みずから破壊し、みずから創り出し、みずからの輝きにより、みずからの光によって眠る。このときこの人（プルシャ）はみずからを光明とするものとなる。

（『ブリハッド・アーラニヤカ・ウパニシャッド』四・三）

ここでヤージュニャヴァルキヤは、「この世」と「あの世」といっています。しかも、この世では悪を、あの世では歓喜を見るといっています。歓喜は、一般にブラフマンの本質と考えられているので、あの世は単に来世ではなく、ブラフマンの世界のことを意味しているように思われます。前に検討したアートマンの第四位に相当し、絶対の世界を意味していると推測されます（中村元『ウパニシャッドの思想』四〇七頁参照）。

この問題の対論が一応終わったところで、ジャナカ王は、ヤージュニャヴァルキヤに、「これからは、解脱のためだけに、お話しください」（『ブリハッド・アーラニヤカ・ウパニシャッド』四・三・一六）と頼むのです。それに答えて、ヤージュニャヴァルキヤが解脱について話しはじめます。

二〇　「……さて一方、あたかも〔かれが〕王であるかのように、あたかも〔かれが〕神であるかのように、『この世のありとあらゆるものはわたくしである』と考えるその〔状態、すなわち熟睡状態〕は、かれの最高の世界である。その状態では、〔かれは〕いかなる欲望の対象をも求めず、いかなる夢をも見ないのである。

二一　これこそじつに、欲望を超越し、悪を滅し、恐怖を離れたかれの〔本来の〕すがたなのである。例えば愛する女性に抱擁された人は、外なるものをも内なるものをも感知しないのと同様に、このプルシャが、純粋の知からなるアートマン（知慧位にあるアートマン。第三章参照）に抱擁されたときには、外なるものをも内なるものをも感知しない。かれはじつにこの特質を有する。――その欲望はすでに満たされ、アートマンのみを欲し、欲望がなくなり、憂いを離れている。

二二　そこにおいては父も父ではなく、母も母ではなく、世界も世界ではなく、神々も神々ではなく、ヴェーダもヴェーダではなく、またそこにおいては盗賊も盗賊ではなく、……チャンダーラ（不可触民）もチャンダーラではなく、……苦行者も苦行者ではなく、善業によってつきまとわれることもなく、悪業によってつきまとわれることもない。何となればかれは心の中の一切の憂いを超越したからである。

三〇　〔熟睡状態で〕かれが認識しないという場合には、認識しながらも、認識すべき対象を認識していないのである。なぜなら、認識の主体の認識作用が喪失することはないからである。それは不滅であるからである。しかし、そのものとは別の、第二のものは存在しない。それとは異なったもので、かれが認識し得るものは存在しないのである。……

三二　かれは水〔のごとく透明であり〕、唯一で、第二のものをもたない（advaita）見る主体である。これはブラフマンの世界（brahmaloka）である、大王よ」と。

さらにヤージュニャヴァルキヤはジャナカ王に教示した、「これはかれの最高の帰趨である。これはかれの最高の達成である。これはかれの最高の世界である。これはかれの最高の歓喜である。その他の存在は、まさしくこの歓喜のほんの一部によって生きている」。
（『ブリハッド・アーラニヤカ・ウパニシャッド』四・三）

なかなか理解が容易ではありませんが、解脱の境地は、熟睡状態を第三の接続状態とする最高の世界、すなわちあの世にある状態であるように思われます。またこの最高の境地はブラフマンの世界であり、最高の帰趨・最高の達成・最高の歓喜などと捉えられています。すでに第三章において検討した『マーンドゥーキヤ・ウパニシャッド』にいう覚醒状態・夢眠状態・熟睡状態という三状態を超越した第四位という絶対的境地を意味しているのでしょう。ここではこの境地に達するための手段についてはとくに述べられていませんが、アートマンを知ることが、そのまま解脱であると考えていたと思われます。

以上、主としてヤージュニャヴァルキヤが説いている思想に従って、業・輪廻・解脱の観念を簡単に概観しました。まだ体系的に叙述されておりませんが、このような考え方が、次第に後代のヒンドゥー教や仏教やジャイナ教の思想家たちの手によって理論的に整備され、さまざまな理論が成立するに至ったのです。

ちなみに無我説を説く初期の仏教でも、仏教の修行そのものを「アートマンに関する、真実無上の、ブラフマンへ赴く車乗」と呼び、修行を完成した僧は「このように現在において欲楽なく、静まり、清涼となり、楽しみを感受しつつ、ブラフマンとなったアートマンによって住する」といわれています。

第九章　哲人ヤージュニャヴァルキヤの出家

出家の動機――真実の自己（アートマン）を求めて

ウパニシャッドの思想家としての実力は師を凌駕するほどの力量を誇っていたヤージュニャヴァルキヤが、まだ一般化していなかった出家の生活を、なぜ選んだのでしょうか。ヤージュニャヴァルキヤの出家の動機の一端は――あるいは当時の遊行行者一般の出家の動機と考えることができると思いますが――ヤージュニャヴァルキヤとヴィデーハ国のジャナカ王との間の対話でうかがえます。

二二〔ヤージュニャヴァルキヤはつづけた、〕「この偉大にして不生なるアートマンは、もろもろの生活機能のうちで、この認識作用よりなるものである。心臓の内部に空処があるが、そこに休らう。かれはすべてのものの支配者であり、すべてのものの統治者であり、すべてのものの主である。それは善い行為によってより大きなもの〔とはなら〕ないし、善くない〔行為によって〕より小さなもの〔とはなら〕ない。それはあらゆるものどもの主宰者である。それは生けるものどもの支配者である。それは生けるものどもの守護者である。それは、かれらの世界が分裂しないようにするための、〔世界を〕区切る堤防である。

もろもろのバラモンは、ヴェーダの読誦により、祭祀により、布施により、苦行により、断食により、〔それを〕知りたいと願っている。それを知ったならば、〔かれは〕聖者となる。遊行者たちは、その世界に到達しようと願って、遊行の生活を送っている」と。

〔ヤージュニャヴァルキヤはつづけた、〕「昔の〔バラモンたち〕は、〔このことを〕知っていたので、子孫を求めなかった。――「われわれにはこのアートマンがあり、この世界があるのに、子孫に何の要があろうか」と考えて。かれらは、息子を得たいという欲求、財産を得たいという欲求、そして〔死後に〕よき世界を得たいという欲求を超越して、いま〔托鉢《たくはつ》〕乞食《こつじき》の生活を行っている。息子を得たいという欲求は、財産を得たいという欲求にほかならない。財産を得たいという欲求は〔死後に〕よき世界を得たいと欲求することにほかならない。なんとなれば、これら二つとも、単に欲求にほかならないからである」と。

〔ヤージュニャヴァルキヤはつづけた、〕「それだからこのアートマンは『……ではない。……ではない』と〔いわれる〕。それは把握され得ない。なんとなれば、それは把握されないからである。それは破壊され得ない。なんとなれば、それは破壊されないからである。それは無執着である。なんとなれば、執着しないからである。それは束縛されず、動揺することなく、害されることはない。『それだからわたくしは悪をなした』、〔あるいは〕『それだからわたくしは善をなした』というこれら両者の考えは、かれにうち克つことができない。なんとなれば、かれはこの両者にうち克つからである。〔かれが〕なしたことと、なさなかったことと、その両者はかれを苦しめることはないのである」。

二五 〔ヤージュニャヴァルキヤはつづけた、〕「じつにこの偉大な、不生であり、不老不死で、死んだことのなく、恐怖のないアートマンは、ブラフマンである。ブラフマンはじつに恐怖のないものである。このように知る人は、恐怖のないブラフマンとなる」と。

（『ブリハッド・アーラニヤカ・ウパニシャッド』四・四）

ヤージュニャヴァルキヤが、その対話の中で、ジャナカ王に語った内容を敷衍しながら説明しますと、次のような趣旨になるかと思います。

われわれの真実の自己であるアートマンは、不生《ふしょう》であり、認識作用からなり、心臓の内部の空処にあります。これこそわれわれが追究すべきものであります。なぜなら、このアートマンを知れば聖者となれるからです。

しかし真実のアートマンは、つねに認識主体であって、決して庭の木のような認識対象とはならないものであり、尋常な方法では把握できない存在です。それゆえに、われわれが日常使っている言葉で「アートマンはXである」というようには、肯定的には表現できない存在です。もし言葉で表現するとすれば、「アートマンはAではない、アートマンはBではない……」と、否定に否定を重ねて、間接的に表現する以外には方法がないものです。

したがって、このようなアートマンを知るために、古来、もろもろのバラモンたちは、ヴェーダの読誦をしたり、祭祀を行ったり、布施をしたり、苦行を実践したり、あるいは断食を行っています。しかしこれらの方法は現世肯定的な人生観に立脚しているのであって、日常の方法で認識し得ない真実のアートマンを知るには適当とは考えられておりません。

そこで真実のアートマンを求め、聖者となろうとするのは、現世を否定する遊行の生活に入ることになります。遊行行者たちにとっては、アートマンのみが求めるものであって、かれらは、世俗の日常生活では最も望まれる息子を得たいという欲求、財産を得たいという欲求、死後によき世界を得たいという欲求を超越して托鉢乞食の生活を行っているのです。

不死性を求める妻

ヤージュニャヴァルキヤは、出家遊行を実行するに当たって、妻に黙って急に出奔したのではありませんでした。かれの二人の妻、マイトレーイーとカーティヤーヤニーとの間で、財産分与の決定をしようと提案するのです。しかし、そのとき、マイトレーイーがまったく意外な質問を発したのに始まる夫婦二人の交わす美しい対論は、ウパニシャッドの究極の趣意を示すものとして、大変に有名です。

二　ヤージュニャヴァルキヤはいった、「マイトレーイーよ。わたしはいま、この家長の状態をやめて、遊行しようと思う。さあ、わたしはそなたのために、かのカーティヤーヤニーとの間に最後の決定をしよう」と。

三　マイトレーイーは訊ねた、「あなた、もしも富に満ちたこの大地全体がわたくしのものとなったならば、それによってわたくしは不死となり得るでしょうか?」と。ヤージュニャヴァルキヤが答えた、「そうはならない。そなたの生活は、富裕な人の生活と同じようになるであろう。しかし、富によっては不死性を得る望みはないのだ」と。

四　マイトレーイーはいった、「もしも富によって不死性を得ることができないならば、富はわたくしにとってなんの用がありましょうか。〔不死性について〕あなたの知っておられることを、わたくしに話してください」と。

（『ブリハッド・アーラニヤカ・ウパニシャッド』四・五）

富に満ちたこの大地全体がマイトレーイーのものとなったとしても、それはただ単に富裕な人となるだけで、富によって不死性はとうてい望みうべくもない、というヤージュニャヴァルキヤの返事に、財産などいらない、それよりもあなたの知っている不死性について知りたいと望んだのでした。

妻が愛しいのはなぜか

五　ヤージュニャヴァルキヤは、「ああ、じつにそなたは、わたしにとって愛しい人である。しかし〔そなたの言葉を聞いて〕そなたに対する愛しさはさらに大きくなった。そなたよ。このことを、わたしはそなたに説明しよう。そして、わたしが説明しているあいだに、そなたはよく考えなさい」といった。

六　そこでヤージュニャヴァルキヤはいった、
「じつに夫を愛するがゆえに、夫が愛しいのではない。アートマンを愛するがゆえに、夫が愛しいのだ。

じつに妻を愛するがゆえに、妻が愛しいのではない。アートマンを愛するがゆえに、妻が愛しいのだ。

……

じつに一切のものを愛するがゆえに、一切のものが愛しいのではない。アートマンを愛するがゆえに、一切のものが愛しいのだ。

じつにアートマンが見られるべきであり、聞かれるべきであり、考えられるべきであり、熟考されるべきである。

マイトレーイーよ。じつにアートマンが見られ、聞かれ、考えられ、認識されたときに、この一切のものは知られたことになるのだ」と。


（『ブリハッド・アーラニヤカ・ウパニシャッド』四・五）

このヤージュニャヴァルキヤの使っているアートマンということばを、単に個人的自我、あるいは利己的な自己のような意味に解すると、「自己を愛するがゆえに、一切のものが愛しい」という表現は、エゴイズムを主張しようとしているのではないかも知れませんが、少なくとも容認しているのではないか、と誤解される恐れがあるかと思います。

しかしここでアートマンといわれているのは、そのような利己的な自己ではなくて、真実の自己、人間存在の奥底にある世界霊魂ともいうべき人間存在の本体、換言すれば宇宙の根本原理ブラフマンと同一の自己を意味していると思います。したがってヤージュニャヴァルキヤの発言の趣旨は、この世の一切のものは、このブラフマン、すなわちアートマンから現れ出たものなので、一切のものは究極的にはアートマン以外の何ものでもない、それゆえに、われわれが何かを愛するということは、とりもなおさずアートマンを愛することにほかならない、ということではないかと思います。なにか現象的・具象的なものを愛することを通じて、その根底にある、一切万有の中に存在する超感覚的な本体であるアートマンを愛することを知らなければならないのです。

アートマンは聞かれ、考えられ、熟考されるべきもの

このアートマンは、見られ、聞かれ、考えられ、熟考されるべき存在です。なぜならこの世の一切のものの根源であるアートマンは、簡単には理解できるものではないからです。

ウパニシャッドの解釈学として発達したヴェーダーンタ学派においては、解脱に至るための三つの実習の階梯が決められております。すなわち聴聞《ちょうもん》と思惟《しゆい》と瞑想です。シャンカラの『ウパデーシャサーハスリー』（拙訳、岩波文庫、一九八八）の散文篇は、三つの章からなっていますが、散文篇の第一、第二、第三の各章は、それぞれこれらの三段階に対応しています。第一章においては、師がウパニシャッドなどの天啓聖典と『バガヴァッド・ギーター』などの古伝書の両聖典から頻繁に引用して、聖典の趣旨をその弟子に繰り返し教えています。第二章においては、師と討論することによって、

聖典の趣旨の理解を、理論的・論理的に深め、さらに強固なものとするように書かれています。第三章では、「要点を繰り返す省察」が具体的に示されています。このようなヴェーダーンタ学派の実習の階梯は、このウパニシャッドを根拠としているのです（拙著『ヴェーダーンタの哲学（サーラ叢書二四）』平楽寺書店、一九八〇、八七～八八頁参照）。

不死性とは何か

また二人の間の対話は、このアートマンの本質をめぐってさらに熱心に続きます。しかしさすがに聡明で、このようなブラフマンについて論ずることができるマイトレーイーも、当代随一の哲学者ヤージュニャヴァルキヤの深遠にして微妙な議論に、混迷の極に陥り、ついて行けなくなってしまいます。そこでヤージュニャヴァルキヤは、再びアートマンの本質について、不死性について、説明することになります。

一四　マイトレーイーはいった、「このことについてあなたがおっしゃることが、わたくしにはすっかり訳が分からなくなってしまいました。わたくしは、このことを理解することができません」と。

ヤージュニャヴァルキヤはいった、「わたしは迷わせるようなことを語っているのではない。じつに、このアートマンは不滅のものであり、本性上破壊されないものなのだ。

一五　なぜなら、いわば二元の存在するところにおいては、一方のものが他の一方のものを見、一方のものが他の一方のものを嗅ぎ、一方のものが他の一方のものを味わい、一方のものが他の一方のものに話しかけ、一方のものが他の一方のものを聞き、一方のものが他の一方のものを考え、一方のものが他の一方のものに触れ、一方のものが他の一方のものを認識する。

しかし万物がその人のアートマンとなったときには、〔その人は〕何によって何を見るのであろうか？　何によって何を嗅ぐのであろうか？　何によって何を味わうのであろうか？　何によって何に話しかけるのであろうか？　何によって何を聞くのであろうか？　何によって何を考えるのであろうか？　何によって何に触れるのであろうか？　何によって何を認識するのであろうか？　そのものによって人がこの一切を認識するところのもの――それを、人は何によって認識することができるであろうか？

それだからこのアートマンは『そうではない。そうではない』と〔いわれる〕。それは把捉され得ない。なんとなれば、それは把捉されないからである。それは破壊され得ない。なぜなら、それは破壊されないからである。それは無執着である。なぜなら、それは執着することがないからである。それは束縛されず、動揺することなく、害されることはない。

ああ、何によって認識する主体を認識し得るであろうか？　マイトレーイーよ。そなたはこのように教えを受けたのである。不死性とは、じつにこれだけのものである」と。ヤージュニャヴァルキヤは、このようにいって、去って行った。

（『ブリハッド・アーラニヤカ・ウパニシャッド』四・五）

夫が、今まさに出家遊行の旅に出ようとするとき、富よりも不死性を望む妻マイトレーイーと夫との間に交わされたこの高度に知的な対話は、当時の人々の精神生活のありようを彷彿とさせるものがあります。今まさに別れるという瞬間に、妻は、財産のことなどまったく眼中になく、泣き叫ぶどころか、財産ではなくて、不死性の知識の分与を求めて、夫と真剣に哲学的問答に没頭することは、なかなかできることではありません。当時の女性の置かれた社会的地位を考慮に入れると、これは例外的な例かも知れませんが、当時の人々の出家観の一端を見ることができるでしょう。出家については、現代人の視点からのみ判断することは避けるべきであろうと思います。

ヤージュニャヴァルキヤの出家とゴータマ・ブッダの出家

またヤージュニャヴァルキヤの出家の動機と仏教の開祖ゴータマ・ブッダのそれとは、きわめてよく似ていることに注目すべきであろうと思います。ゴータマ・ブッダの場合には、善なるもの、不生・不老・不病・不死・不憂・不汚である無上の完全な安穏の安らぎ、すなわちニルヴァーナ（涅《ね》槃《はん》）を求めようと決心したのでした。ヤージュニャヴァルキヤの場合には、偉大な、不生であり、不老不死の、恐怖のないブラフマン＝アートマンを知って、安静に帰し、身を制し、休止し、耐え忍び、心を統一した聖者となること、ブラフマンに到達すること、解脱者となることを求めたのでした。両者ともに不死の境涯、解脱の境地を求めて出家いたしました。

しかしゴータマ・ブッダの場合には、不死の境涯、解脱《げだつ》の境地に到達するための手段やその可能性についての明確な見通しがないまま、意図的であったかどうかは分かりませんが、当時すでに一般化していた反バラモン教的な沙門《しゃもん》（自由思想家）の道を選び、出家遊行の生活に入ったように思われます。他方、ヤージュニャヴァルキヤの場合には、不死の境涯、解脱の境地は、古来バラモン教の伝統の中で幾世紀にもわたって育まれたアートマン、単なる個人的霊魂とは次元を異にする世界霊魂ともいうべき真実の自己、ブラフマンと同一である自己を真に認識することによって到達できるという確信をもっていたのです。この確信にもとづいて、その真実の認識を得るために出家の生活に入ったのでした。

第十章❖人間は死後にも存在するか

人間にとりまして、死はじつに大きな問題であり、また人間は死後果たして存在するのか、という問題も古来人々を悩ませてきた問題でした。本章では、この問題をテーマにしたウパニシャッドを紹介いたしましょう。

ウパニシャッドの名前は、『カータカ・ウパニシャッド』（または、『カタ・ウパニシャッド』）で、ナチケータスという若いバラモンが、死神ヤマの国を訪れて、死にまつわる秘説を聞き出そうとするストーリーになっています。この話は、『タイッティリーヤ・ブラーフマナ』（三・一一・八）所収の、ナーチケータ火壇の起源を説明する「ナチケータス物語」を枠物語としており、古来大変に有名です。全訳をお示しすることができませんので、部分訳とし、理解が得やすいように、筋書きは補いながら話を進めたいと思います。

ナチケータスとその父

信仰心が篤いけれども貧しいヴァージャシュラヴァサというバラモンが、祭りを行い、よい果報を望んで、全財産を布施として司祭僧に喜捨いたしました。かれにはナチケータスという息子がありました。

ナチケータスはまだ少年ではありましたが、その布施として与えられた牛が連れ去られるときに、かれに信仰心が起こりました。かれは、「それらの牛はもう乳も搾り尽くされ、子を産む力のない牝牛であって、そのような牝牛を布施する人は、『歓喜なきところ』に行くことになるであろう」と思いました。

そのためにかれは、父がよい果報を得ることができるように、父の全財産のうちの残された一つである自分自身を布施として喜捨してもらおうと考えたのでした。そこで父親に「お父上はわたくしをどなたに布施しようとしておいでになりますか？」と訊ねました。しかし父は黙っていました。二度三度と同じ質問をしつこく訊ねました。そこで父は怒って「お前を死神に与えよう」と思わず言ってしまいました。

このような経緯でナチケータスは、死界にあるヤマの家にやってまいりますが、あいにくヤマは三日間留守でした。バラモンが逗留して饗応されないときには、バラモンは希望・期待などのほか、すべての家畜など一切のものを奪い去るといわれております。そのためにヤマは、三日間バラモンのナチケータスを饗応しなかったことを謝り、その償いとして三つの恩典を選ぶようにと申します。

そこでナチケータスは、ヤマの申し出を受けて、まず第一に、「自分の父ガウタマ仙の怒りが静まり、自分が死神から解放されて帰宅したときには喜んで迎えてくれるようにしてほしい」という恩典を選びました。この恩典は直ちにヤマによってかなえられました。次に選んだ第二の恩典は、「天上界には恐怖もなく死もなく飢渇も憂苦もないと聞いているが、そこへ導く祭火（ナーチケータ火壇）を教えてほしい」ということでした。この望みも簡単にかなえられました。

ナチケータスが選んだ第三の恩典

ヤマはナチケータスに第三の恩典を選ぶように促しました。そこでナチケータスがヤマに申しました。

二〇　〔ナチケータスはいった、〕「死んだ人についてこの疑いがあります。――ある人々は『かれは〔死後にも〕存在する』といいます。またほかの人々は『かれは〔死後には〕存在しない』といいます。わたくしはこのことをあなたに教えていただいて知りたいのです。これがもろもろのうちで第三の恩典なのです」と。

二一　〔ヤマはいった、〕「この問題に関しては、神々さえも疑いました。じつに容易に知り得べきことではありません。この理は微妙です。ナチケータスよ。他の恩典を選びなさい。わたしを苦しめないでください。わたしを、その〔問題〕から放免してください」と。

（『カータカ・ウパニシャッド』一）

さすがのヤマも、この死後の問題については、神々さえも疑問をもち、容易に知ることができない問題であるとして回答を避けようとしています。この問題は、仏教の開祖ゴータマ・ブッダとその弟子マールンキヤ・プッタとの対話を思い起こさせます。

ある日、マールンキヤ・プッタは夕方になって静思の座から立って、ゴータマ・ブッダのもとに赴き、一〇項目の形而上学的問題について、知っているなら知っていると、知らないなら知らないと明確に返答を示すように、執拗に迫ったのでした。その問いの中の、第七問が「人は死後も存在するのか」、第八問が「死後は存在しないのか」、第九問が「人は存在しかつ存在しないのか」、第一〇問が「人は存在するのでも存在しないのでもないのか」でした。この四問とも同工異曲で、第七問の「人は死後も存在するのか」に帰着するかと思います。

これに対してゴータマ・ブッダは、自分自身の経験にもとづいて確かめられたものでない限り、何ものも信じてはならない、という立場から、このような問題に対しては、解脱《げだつ》の役に立たないとして、終始一貫して返答しないで捨て置いたといわれています。仏教では、これを「捨置」とも「無記《むき》」ともいい、仏教の基本的な立場の一つになっています（拙著『ブッダ——その生涯と思想』春秋社、二〇一二、一六三〜一六六頁参照）。

ヤマの誘惑

さて、ナチケータスは、マールンキヤ・プッタと同じように、その恩典を執拗に迫ったのでした。しかしこの第三の恩典については、そうはまいりませんでした。この死後の問題についての応答が、『カータカ・ウパニシャッド』のクライマックスとなっています。死神ヤマは、何とかしてかれの矛先をかわそうとして、別の恩典をもち出します。

二三　〔ヤマはいった、「第三の恩典の代わりに〕一〇〇歳までも生きる息子や孫を選びなさい。群れなす家畜、象、黄金、馬、地の広大なる領域を選びなさい。そうしてそなた自身が望むだけ長く生きなさい。

二四　もしもその恩典と等しい価値があるとそなたが考えるならば、財産と長寿とを恩典として選びなさい。そなたは大地の王者となりなさい。わたしはそなたをもろもろの享受者としましょう。

二五　死ぬはずの人間の世界においては得がたいどんな欲望であっても、そなたが欲するがままに一切の欲望を追求しなさい。軽い車に乗り、音楽を奏でるこれらの美しい天女たち――じつにこのような天女たちは人間によっては得がたいものですが――わたしが与える天女たちを侍らせなさい。しかし死についてはわたしに訊ねないでください」と。（『カータカ・ウパニシャッド』一）

このようにヤマは、第三の恩典の代わりに、一〇〇歳までも生きる子孫、家畜、象、黄金、馬、広大な土地、財産、長寿、美しい天女など、普通の人間にとってはきわめて魅力的な数々の恩典を挙げて、ナチケータスを誘惑し、ナチケータスの矛先を転じようと試み死については質問しないようにと頼むのでした。しかしナチケータスの意志は固く、そのようなものは自分には何の用もないものであり、あくまでも第三の恩典として、死後の問題を明らかにすることを求めたのでした。

第三の恩典を受けるための条件

そこでヤマは、ナチケータスに次のように申します。

一　善と快楽とは別のものであり、たがいに異なっています。この両者は、異なった目的に人を結びつけます。両者のうちで善を取る人には、よいことがあり、快楽を選ぶ人は、〔人生の〕目的を失います。

二　善と快楽とは、〔いずれも〕人間に近づきます。賢者は、その両者を考察して弁別します。じつに賢者は、快楽よりも善を選び、愚者は繁栄のために、快楽を選びます。

三　そなたは、快適で、また快適であるかのように見えるもろもろの欲望を吟味して、それらを捨てました。ナチケータスよ。多くの人々がそのうちに沈み込むこの財富からなる宝環を、そなたはついに受けませんでした。

（『カータカ・ウパニシャッド』二）

このように死神ヤマは、意図的にナチケータスを誘惑して、その人物を試したことを明らかにしています。そしてナチケータスが、人生の目的を失うような快楽を捨てて、善を選び取り、多くの人が沈み込む財富からなる宝環をついに受け取らなかったことを高く評価しています。

四　無明《むみょう》と明知として知られているものとは、遠く離れ、たがいに方向を異にしています。ナチケータスは、明知を得ようと欲するものであると、わたしは思います。多くの欲望も、そなたを害なうことができませんでした。

五　無明のうちにありながら、みずからは学者であると思い上がっている自称賢者、〔じつは〕愚者どもは、うろつきさまよいながら、あちこちに徘徊しています。……

六　放逸にして、財宝に対する迷いによって幻惑されている愚者には、来世に関する問題は起こりません。「この世は存在するが、あの世は存在しない」と思いながら、繰り返し、わたしの支配下に入ります。

（『カータカ・ウパニシャッド』二）

注釈者シャンカラによると、第四詩節における無明と明知は、それぞれ第一、第二詩節で見た快楽と善に関係しています。ナチケータスは、善を選び取り、明知を得ようとしています。快楽を選び取り、無明のうちにあって、放逸で、財宝による迷いに幻惑されている愚者には、来世に関する問題など、およそ起こってはこないのです。したがってこれからのヤマの秘説を聞こうとするものは、当然、善を選び取り、明知を得ようとするものである必要があります。

ヤマの秘密の教え

諸条件を満たしているナチケータスを、秘密の教えを教えるのにふさわしい青年であると判断して、ヤマはいよいよ、死後の問題ではなく、アートマンの教えを説きはじめます。

七　〔ヤマはいった、〕「多くの人々が聞こうとしても得られず、たとい聞きつつあっても多くの人々の知らない〔かのアートマン〕を説く人はすばらしい、それを得た人は賢者です。賢者に教えられてそれを知る人はすばらしい。
八　もしも劣った人によって教えられるのであるならば、この〔アートマン〕は、容易に理解されません。〔アートマンが〕種々に考えられているからです。他の人によって説かれなければ、そこに行く道はありません。なぜならそれは微量なものよりもさらに微細であり、思考の及ばないものだからです。
九　この思想は、理論によっては到達することができません。他の人によって説かれたときにだけ、容易に理解できるのです。最愛の友よ。そなたはすでにその思想に達しました。じつにそなたは真理の保持者です。願わくは、そなたのような質問者が、わたしたちのためにもっと現れ出ることを。ああ、ナチケータスよ。
一〇　財富と称せられるものは無常である、ということを、わたしは知っています。じつにかの常住なものは、無常なものによっては得られません。ところでわたしはナーチケータ火壇を築きました。わたしは、無常なるものによって常住なるものを獲得しました」。

（『カータカ・ウパニシャッド』二）

聖音オーム

一四　ナチケータスはいった、「法とも異なり、非法とも異なり、すでになされたこととも異なり、まだなされていないこととも異なり、また過去とも異なり、未来とも異なると、あなたが見るところのもの、それを語ってください」と。

一五　〔ヤマは答えた、〕「一切のヴェーダが教える語、そうして一切の苦行が語る語、またそれを望みつつ〔行者が〕清浄行を修するその語を、わたしは要約して語りましょう。それは〔聖音〕『オーム』です。

一六　じつにこの音節〔オーム〕は、ブラフマンです。この音節はじつに最高者です。じつにこの音節を知ったならば、誰がなにものを望もうとも、それはその人のものとなります。

一七　それはもっともすぐれた支柱であり、それは最高の支柱です。この支柱を知るとき、人はブラフマンの世界において栄えます。

一八　知者〔アートマン〕は、生まれることも、死ぬこともありません。これはなにものからも生まれることとなく、またなにものともなりませんでした。これは、不生、常住、常恒、悠久なるものであって、身体が殺されつつあるときにも、殺されることはありません。

二〇　この生類の〔心臓の内部の〕空処におさめられているアートマンは、微細なるものよりも、さらに微細であり、大なるものよりもさらに大である。〔外的なものに対する欲望から自由となって〕意欲のない人は、憂いなく、創造者の恩寵によって、アートマンのこの偉大性を見ます」と。

（『カータカ・ウパニシャッド』二）

第一二詩節で「神」という言葉が用いられ、またこの第二〇詩節で「創造者（dhātṛ）の恩寵（prasāda）」が言及されております。これは注目すべき事実であるように思います。ウパニシャッドの思惟の中に、次章で取り上げる『シュヴェーターシュヴァタラ・ウパニシャッド』に見るような、有神論的傾向が徐々に現れていることを示しているように思われます。実際この第二〇詩節は、有神論的傾向の強い『シュヴェーターシュヴァタラ・ウパニシャッド』（三・二〇）に、若干読み方を変えて、出てまいります。有神論的傾向を歓迎しない注釈者シャンカラは、「創造者の恩寵」を「感官の制御」（dhātusamprasāda）と解釈し、ウパニシャッドの一般的思惟傾向に合わせています。

二一　〔ヤマはつづけた、〕「かれは、座していても遠くに赴き、臥していてもあらゆるところに行く。わたし以外の誰が、歓喜でもあり非歓喜でもあるかれを知ることができるでしょうか？

二二　アートマンは、身体のうちにあって、身体を有せず、不安定なもののうちにあっても安定していて、偉大で、遍在している、と考えて、賢者は悲しむことはありません。

二三　このアートマンは、聖典の解説によっても理解できません。常識によっても、多くの学問によっても、得られません。アートマンが選んだ人のみが、それを〔知る〕ことができます。その人にのみ、このアートマンは、自己の姿を現します」。（『カータカ・ウパニシャッド』二）

この第二三詩節の「アートマンが選んだ人のみが、それを〔知る〕ことができます」という文言は注目を引きます。ここでアートマンは神格化されており、先ほど問題にした恩寵の思想が背後にあることを示唆しているように思います。しかもアートマン自身が選んだ人にのみ、自己の姿を現すというのですから、いわば神の示現を意味しており、きわめて有神論的ということができます。

アートマンに選ばれるための条件

このアートマンに選ばれ、その身体を見ることができる人は、実践的に一定の条件を満たしていなければなりません。それが次に述べられます。

二四　悪い行いを止めない人、平静でない人、心の統一されていない人、また心の静まっていない人も、正しい智慧によってこのアートマンを体得することはできないでしょう。

（『カータカ・ウパニシャッド』二）

まず「悪い行いを止めない人」という文言によって、倫理・道徳的に身を正すことが必要であることを述べております。その上で瞑想ヨーガを実践して、精神を統一し、心を平静に保つことをもまた必要であることを指摘しております。

最後に、

二五　バラモン（司祭者）も王侯も、ともにかれにとっては食物であり、死はかれにとってかけ汁である。かれのいるところを、誰がいったい知っているでしょうか？

（『カータカ・ウパニシャッド』二）

と述べ、バラモンも王侯も、果てはナチケータスに現に教えている死神すらも食べてしまうものに言及しています。これは一切万有が、そこから生じ、それに依存して存続し、そしてそこに帰滅していくアートマン（宇宙我）にほかなりません（『ブラフマ・スートラ』一・二・九参照）。ヤマは、そのアートマンがどこにいるのか、疑問を呈して、第二章を終わっています。

二つのアートマン――宇宙我と個我

第三章は、前章を受けて、二つの自己、すなわち大いなるアートマン（宇宙我）と個人のうちにある個我とを比喩を使って、論じようとしています。

三　アートマンは車に乗る者であり、身体はじつに車であると知りなさい。統覚機能は御者であり、そして意《マナス》（思考器官）はまさに手綱であると知りなさい。

四　人々は、諸感覚器官を馬と呼び、諸感覚器官の対象を道と呼びます。アートマンと諸感覚器官と意とが結合したときに、賢者はそれらが結合したものを経験の主体と呼びます。

七　分別なく、無思慮で、つねに不浄な人は、あの〔解脱の〕境地に達することなく、輪廻《りんね》に赴きます。

八　しかし、分別をもち、思慮があって、つねに清浄な人は、あの〔解脱の〕境地に達し、そこから再び生まれることはありません。

九　理解力という御者をもち、意という手綱をもつ人は、行路の目的地に達します。それはヴィシュヌの最高の境地（解脱境）です。

一〇　諸感覚器官よりも高いものとして、諸対象があり、諸対象よりも高いものとして意がありま
す。さらに意より高いものとして統覚機能があります。統覚機能よりも高いものとして、大いな
るアートマンがあります。

一四　立ち上がりなさい、目覚めなさい。恩典を得て、覚りなさい。剃刀の鋭い刃は、渡ることが
困難です。〔それと同じように〕詩人たちはその〔アートマンを覚ること〕を行路の難所といい
ます。

一五　声なく、触感もなく、形もなく、消滅することもなく、また味もなく、常住であり、また香
りもないものであり、始めもなく、終わりもなく、大いなるもの（個人の本体）よりも高く、恒
存するもの（宇宙の本体）――それを思念して、死の神の口から解き放たれます。

一七　この最高の秘密の教理を、バラモンの集まりにおいて、あるいは祖先祭の際に、熱心に説く
人がいるならば、それはその人を永遠の生命を受けるにふさわしい人とします。それはその人を
永遠の生命を受けるにふさわしい人とします。

（『カータカ・ウパニシャッド』三）

中村元博士は、第一五詩節について、ニューエイジ・サイエンスの旗手F・カプラが、東洋の神秘
思想の関心は、知的な思考にとどまらず、感覚的な知覚をも超越するリアリティの直接体験に及んで

いることを指摘し、物理学者が第一五詩節に重大な意味を読みとった事実に注目しておられます（中村元『ウパニシャッドの思想』五四九頁）。

以上で第三章は終わっています。しかし『カータカ・ウパニシャッド』自体は、第六章まであり、後半に三章を残していますが、紙数の関係で、これで『カータカ・ウパニシャッド』の紹介は終わりたいと思います。興味のある方は、抜粋訳と解説を含む中村元『ウパニシャッドの思想』（五三五〜五五八頁）と湯田豊『ウパニシャッド　翻訳および解説』（四三七〜四六八頁）をお読みください。

第十一章 唯一神への信仰を勧める

前章で紹介した『カータカ・ウパニシャッド』においてすでに現れていた有神論的傾向は、本章で紹介する『シュヴェーターシュヴァタラ・ウパニシャッド』においてとくに顕著になります。これは信愛（バクティ）を強調する有神論的な中世のインド思想の先駆をなすものとして注目すべきものと思います。本章でも全訳を掲載する紙数の余裕がありませんので、抜粋訳にしたいと思います。

三種のブラフマン

七　これは最高ブラフマンとして詠われ、その中に〔経験の主体と経験の対象と支配者の〕三者がある。ブラフマンを知っている者は、その中にあるものを知って、ブラフマンに帰入し、それに専念し、母胎（輪廻《りんね》）から解脱《げだつ》する。

八　滅びるものでも、不滅のものでも、すでに顕現しているものでも、いまだ顕現していないものでも、この結合されている一切のものを主宰神は保持する。主宰神でないアートマンは束縛される。なんとなれば、アートマンは果報を経験する主体であるからである。神を知ったならば、一切の束縛から解脱する。

一〇　「滅びるもの」とは自然世界《プラダーナ》のことである。「不死不滅なるもの」とは、ハラのことである。唯一なる神は、滅びるものとアートマンを支配する。かれを念ずることにより、かれと合一することにより、真理となることによって、終わりにさらに全宇宙の幻影《マーヤー》の消滅が起こる。

一一　神を知って、一切の束縛は滅する。もろもろの煩悩が滅したとき、生死が滅する。かれを瞑想することによって第三位（熟睡状態）がある。身体が滅するとき、一切のものの主宰神となる。ただ一人となって（解脱して）、その欲望は満たされる。

一二　アートマンに内在するこの常住なるものは知られるべきである。それにより高いものは何もない。経験の主体と経験の対象と支配者とを考えれば、一切のことが語り尽くされたことになる。これが三種のブラフマンである。

（『シュヴェーターシュヴァタラ・ウパニシャッド』一）

ここまでのところを整理しますと、唯一なる神は、最高ブラフマンとして詠われていますが、自己の中に経験の主体と経験の対象と支配者の三者を含み、この三者、すなわち三種のブラフマンとして現れています。この主宰神はハラといわれ、不滅であり、アートマンに内在し、滅びる自然世界とアートマンとを支配します。アートマンは、主宰神とは異なり、束縛、すなわち経験の対象である滅びる自然世界によって束縛されている経験の主体です。

ここで自然世界と訳した言葉「プラダーナ」（pradhāna）は後代になると物質と精神の二元論を説

くサーンキヤ学派の重要な術語となる言葉です。サーンキヤ学派は、この宇宙の精神的なものの原因である純粋精神（プルシャ）に対して、物質的なものの原因である根本物質（プラダーナまたはプラクリティ）を想定し、物質的なものの一切はこれから展開したものであると説いております。

アートマンは唯一なる神ハラを念ずることによって、かれと合一し、真理となり、ついには全宇宙の幻影が消滅し、一切の束縛から解脱することになります。経験の主体と経験の対象と支配者、すなわち唯一なる神の三者が一切であり、これが三種のブラフマンといわれています。

このようにまとめてみますと、教義の中核として三つの独立した原理、すなわち「主」(pati)、「家畜」(paśu)、「束縛」(pāśa) を立てているシヴァ聖典派を想起させます。この学派は、中世の南インドに興り、現在も南インドで勢力を張っています。その教義によりますと、個我は本来汚れなく一切に遍満しているのですが、束縛によって縛せられて家畜の状態に置かれていると説いています。

唯一神ルドラと最高ブラフマン

第三章では、また別の神の名前、すなわち「ルドラ」が登場しています。ルドラは『リグ・ヴェーダ』で見られる神で、前に紹介しましたように、本来暴風神として崇拝されていましたが、ヒンドゥー教においてはシヴァ神としてきわめて有力な神になります。

一　網をもつ唯一者は、その支配力によって支配する。その支配力によって万有を支配する。万有が生起し持続する間、唯一である。このことを知る者は不死となる。

二　ルドラは唯一である。第二のものの存在を許さない。かれはその支配力によって万有を支配する。万有を創造して守護し、生類に面して立ち、宇宙の帰滅するときにこれを回収する。
三「一切の方向に眼をもち、一切の方向に顔をもち、一切の方向に腕をもち、一切の方向に足をもつ唯一の神は、天地を創造するとき、両腕をもって、翼をもって扇いで溶接した。(RV10.81.3)」
六　山に住む神よ、汝が射んとして手にもつ矢を吉祥なるものとせよ、山を守護する神よ。人間・生類を害うことのないように。
七　ルドラよりもなお高き最高ブラフマン、広大にして一切の生類のなかに〔その〕身体に応じて潜在し、万有の唯一なる包容者、主宰神――かれを知ったならば、人々は不死となる。
（『シュヴェーターシュヴァタラ・ウパニシャッド』三）

ここでは一切造物者ヴィシュヴァ・カルマンに捧げられた『リグ・ヴェーダ』の讃歌（一〇・八一・三）を引用して、唯一神ルドラは、宇宙を創造したヴィシュヴァ・カルマンであると見なされているようです。ここにおいては後代のヒンドゥー教のシヴァ神に見られるように、ルドラは恐ろしい一面ももっていますが、詩人は私たちにルドラの吉祥な（śiva）姿を見せ、ルドラが射ようとしている矢が吉祥な矢となることをひたすら願っています。

しかも最高ブラフマンをルドラよりも高いとしており、人格神の背後のより高い位置に絶対者ブラフマンを置いております。このウパニシャッドは、著しく有神論的であるとはいえ、西洋の神秘家が絶対者を神と呼んだのとは対照的に、ウパニシャッドの伝統的な考え方を踏まえ、神を超えたところに絶対者を認めていることは注目に値するように思います。

偉大なプルシャ

八　この偉大にして、暗黒のかなたに、太陽のごとき色を有するプルシャをわれは知っている。人はただこれのみを知って死を超越する。これ以外の他の道はない。
九　プルシャより上には、何ものも存在しない。それにより微細なものは何ものもなく、これより広大なものは何ものもない。唯一者は木のごとく確乎として天にある。このプルシャによって万有は満たされている。

一一　この神は、万物の顔・頭・頸である。万物の心の中にかくれ、万有に遍満する。それゆえにかれは一切処に存在するシヴァである。
一二　プルシャはじつに偉大な支配者にして、万有を動かす。このきわめて清浄な解脱を主宰する。〔かれは〕不滅の光明である。

一四　プルシャは一〇〇〇の頭があり、一〇〇〇の眼があり、一〇〇〇の足があった。かれはあらゆる方角にわたって大地を覆い尽くして、なお十指の長さを残して立っていた。
一五　プルシャはすでにありしものおよび未来にあるべきもののこの一切である。かれはまた不死界〔神々〕の支配者であり、〔祭祀の?〕食物によって、それを越えて成長した。
一六　それは一切の方向に手と足をもち、一切の方向に眼と頭と顔をもち、世界のいたるところに耳をもつ。それは万有を覆って存在する。

二〇　微よりも微に、大よりも大にして、アートマンは生類の心臓の中に内在する。創造神の恩寵により、人は憂患を離れて、偉大性として、主宰者としてかれを見る。
二一　われはかれを知る、老いることなく、太初より存し、万物のアートマンとして、その遍満性によって一切処に存在するかれを。ブラフマンを論ずる学匠たちは、かれ（アートマン）に〔生死〕なしと説き、かれを常住と説く。（『シュヴェーターシュヴァタラ・ウパニシャッド』三）

この箇所においては、ルドラに代わって、一転してプルシャが登場しています。このプルシャは、『リグ・ヴェーダ』の「原人プルシャの讃歌」（一〇・九〇・一〜一二）が引用されていることから判断して、前に紹介した『リグ・ヴェーダ』の宇宙の原因となった、「太初の偉大なる」（三・一九）プルシャであるように思われます。『リグ・ヴェーダ』においては、神々がこの原始的巨人の身体を犠牲獣として祭祀を行い、この原人の身体という材料を解体して宇宙を創造したのでした。このウパニシャッドにおいては、この原人プルシャが、ハラやルドラなどと同じく人格神として崇拝の対象となっており、この「創造神の恩寵により、人は憂患を離れ」る（三・二〇）と説かれています。

注目すべきことには、第八詩節が仏教文献（『大毘婆沙論《だいびばしゃ》』第二〇〇巻、大正蔵、二七巻、九九九頁中段。中村元『ウパニシャッドの思想』五八一頁参照）の中に言及されています。

唯一なる神の多様な顕現

一　かの唯一なる神は、〔みずからは〕色がないが、〔かれの〕多様なる能力の適用により、深秘なる趣意をもって、多様なる色を与える。かれは終末において全宇宙を分散し、また太初において分出する。かの神は、われらに明晰な理解力を与えたまえ。

二　それはじつにアグニ（火神）である。それはアーディティヤ（太陽神）である。それはヴァーユ（風神）である。それは月である。それはじつに清浄なるものである。それはブラフマンである。それは水である。それはプラジャー・パティである。

三　あなた（唯一なる神）は、女である。あなたは男である。あなたは男児であり、また女児である。あなたは老人であり、杖にたよってよろめき歩く。あなたは生まれるや否やあらゆる方面に顔を向けている。

四　そなたは、青黒色の鳥である。そなたは、緑色の〔鸚鵡〕であり、紅色の眼をもっている。そなたは電光を胎のうちにおさめている〔雲〕である。そなたは歳時であり、大海である。そなたは無始であり、遍在性をもって存在している。そなたは、あらゆる世界が生まれ出た〔源泉〕である。

一七　かれは神である。一切造物者である。大いなるアートマンである。つねに人々の心臓のなかに宿っている。かれは、心により、思考により、意によって、表象される。このことを知った人々は、不死となる。

二〇　かれの色・形は見られない。何人も眼でかれを見ることができない。心臓のなかに存するかれを、心により、また思考により、このように知る人々は、不死となる。

（『シュヴェーターシュヴァタラ・ウパニシャッド』四）

この第四章においては、「かの唯一なる神」は多様な現れ方をし、遍在することが強調されているように思われます。「かの唯一なる神」は色・形はないが、多様な色・形を与え、アグニであり、アーディティヤであり、ヴァーユであり、月であり、ブラフマンであり、水であり、プラジャー・パティであり、女であり、男であり、男児であり、女児であり、老人であり、青黒色の鳥であり、緑色の鸚鵡であり、雲であり、歳時であり、大海であり、神であり、一切造物者であり、大いなるアートマンであり、つねに人々の心臓の中に宿っているなどといわれています。要するに「かの唯一なる神」は、この一切万有であるが、その色・形は誰も眼をもって見ることはできないのです。しかしその心臓の中に存在するアートマンを、心により、思考により、一切万有であると知れば、人々は不死となるといわれています。

この「かの唯一なる神」は、神々を含む世界の創造者であり、世界の支配者であると同時に、人々の救済者でもあります。先ほど述べましたように、この神はまた、人格神である梵天ブラフマーではなくて、宇宙の根本原理であるブラフマンとなって現れる（四・二）といっています。ここではブラフマンは唯一なる神の多様な現れ方の一つと見なされており、最高ブラフマンをルドラよりも高いとする第三章の考え方とは異なっているようにも思われます。しかし第一章では、経験の主体と経験の対象と支配者、すなわち唯一なる神の三者が一切であり、これが三種のブラフマンといわれており、ブラフマンという言葉の意味が明確ではなく、明言はできないように思われます。

他の聖仙たちの見解に対する批判

一　ある聖仙たちは自然の本性を〔原理として〕語り、また他の聖仙たちは、時間を〔原理として〕語る。かれらは混迷せる者どもである。この「ブラフマンの輪」を回転させているのは、じつに世界における神の偉大性である。

二　かれは知者《しりて》であり、時間の作者であり、〔三つの〕構成要素をもち、一切知者である。じつにかれによってこの一切万有はつねに覆われている。かれに支配されて、〔かれの宇宙創造の〕仕事は展開し、地・水・火・風・空〔が成立したと〕考えられるべきである。

（『シュヴェーターシュヴァタラ・ウパニシャッド』六）

この第六章は、他の聖仙たちの見解の批判から始まっております。その一つは宇宙の根本原理として「自然の本性」（svabhāva）を立てるという見解です。これはサーンキヤ哲学の根本物質プラクリティを指していると見る西洋の研究者（R. E. Hume, The Thirteen Principal Upanishads, Oxford

University Press, 1958, p.8）がおります。はっきりと明言することは困難ですが、第二詩節に「〔三つの〕構成要素をもつ（gunin）」というサーンキヤ的な言葉が用いられていることから、その可能性をまったく否定することはできないように思います。時間を根本原理とする見解があるということは、前に『アタルヴァ・ヴェーダ』（一九・五三）を取り上げましたときに紹介いたしました（第Ⅰ部第九章）。

ここでは、これらは愚者の考え方としているのみで、それらが根本原理でない理由は明確には示されておりません。しかし唯一の神が「〔三つの〕構成要素をもつ」という表現によって、後代のサーンキヤ哲学によれば三つの構成要素からなる根本物質プラクリティ、すなわち「自然の本性」は唯一の神によって作られたもの、あるいはその現れにすぎないものであって、自然の本性は根本原理ではないといっているように思います。また他方、時間に関しましては、唯一神が「時間の作者」（kālakāra）であるという表現で、時間は宇宙の根本原理ではない理由を示しているように思います。

最高主宰神の偉大さ

七　もろもろの主宰神のうちの最高の大主宰神、神々のうちの最高の神、もろもろの支配者たちのうちの最高の支配者を、崇敬されるべき「世界の主」なる神であると、われらは知る。

八　かれに影響する作用はなく、またかれには感覚器官はない。かれに等しいものはなく、またかれに勝るものは認められない。かれの最高の能力は、じつに多様であると、聖典に述べられている。かれの知と力との活動は本来固有のものである。

一一　かれは唯一の神であり、一切の存在のうちに潜在していて、あらゆるものに遍満し、一切の存在の内我である。かれは行為の監視者であり、一切の存在のうちに安住し、見そなわすものであり、思惟するものであり、ただひとり存し、無属性である。

一八　かつて〔宇宙のはじめにおいて〕梵天を創造し、またじつにもろもろのヴェーダをかれに渡した、自己の知性によって輝くその神に、じつに解脱を欲する私は帰依する。

二一　苦行の力により、神の恩寵により、シュヴェーターシュヴァタラ仙はブラフマンを知り、生活期を超越したる人々に、聖仙の群に喜ばれた最高の浄化法を正しく述べた。

（『シュヴェーターシュヴァタラ・ウパニシャッド』六）

『シュヴェーターシュヴァタラ・ウパニシャッド』は、この第六章の冒頭で反対論を批判し、再び主宰神の中の最高の主宰神の性格と偉大さを述べ、解脱を欲する「私」はこの神に対する帰依を表明しております。そして、シュヴェーターシュヴァタラ仙が、苦行と神の恩寵によってブラフマンを知り、この最高の浄化法であるウパニシャッドを述べたことを記しています。

秘説の教示の禁止

二二　前の世界時期において宣説された「ヴェーダーンタにおける最高の秘説」は、心の静まっていないものに説き与えてはならない。また子ならざるものにも、弟子ならざるものにも説き与えてはならない。

二三　ここに述べられたる教義は、神にまた神に等しく師匠に最高の信愛を捧げるものに、心気高き者に輝く、心気高きものに輝く、心気高きものに輝く。

（『シュヴェーターシュヴァタラ・ウパニシャッド』六）

しかしこのウパニシャッドは、「ヴェーダーンタにおける最高の秘説」であって、心の静まっていないものにも、また子ならざるものにも、弟子ならざるものにも説き与えてはならないとはっきりと明言しております。これは仏教の開祖ゴータマ・ブッダが、その死の直前に、「如来の法には師の握り拳はない」（『大パリニッバーナ経』二・二五）、すなわち何らかの秘密の教えを握り拳の中に隠し秘めることはなく、すべての教えは太陽や月のように、誰にも明々白々たるものにほかならない、といったのとは大きな違いがあります。

最後に、神と神にも等しい師匠に、最高の信愛を捧げることを勧めて、このウパニシャッドは終わっています。

第十二章 カーストを批判するウパニシャッド

ここに紹介する『ヴァジュラ・スーチー・ウパニシャッド』（または、『ヴァジュラ・スーチカー・ウパニシャッド』）――訳せば『金剛石《こんごうせき》の針のウパニシャッド』となります――は、他のウパニシャッドとは大いに趣を異にし、生まれによるバラモン階級を、金剛石製の鋭い針で突くように、強い口調で批判しております。およそバラモン中心のバラモン教においては想像すらできないことです。しかも興味深いことには、八世紀前半に活躍し、バラモン階級の中でも最高位に位置づけられる家柄出身のシャンカラに帰せられている注釈があるのです。

さらに興味深いことには、仏教にも同じような題名の作品が伝わっています。それは『ブッダチャリタ』（漢訳『仏所行讃』）などの名作を残したバラモン出身の有名な仏教詩人アシュヴァゴーシャ（馬鳴《めみょう》、二世紀）の作と伝えられる『ヴァジュラ・スーチー』（漢訳『金剛針論』）です。内容的にも、両テキストはよく似ております。中村元博士は、『ヴァジュラ・スーチー』の所論が、『ヴァジュラ・スーチー・ウパニシャッド』に採用されていると考えておられます（中村元『ウパニシャッドの思想』六四五頁）。もしそうであるとすれば、このウパニシャッドの成立は馬鳴以後ということになるかと思いますが、仮定に仮定を重ねての話ですので、単なる推測にすぎません。

『ヴァジュラ・スーチー・ウパニシャッド』の邦訳

このウパニシャッドも、他のウパニシャッドと同じように、前にお話しいたしました「オーム」という聖音で始まっております。

一　オーム、わたくしは無知を打ち破る聖典『金剛の針』を説こうと思う。それは知識をもたないものにとっては破滅であるが、知識の眼のあるものにとっては装飾である。

この第一詩節は、いわば全体の序文に相当し、これから『金剛の針』というウパニシャッドを説くことを宣言しています。次の第二詩節においては、問題の所在を明らかにします。

二　バラモン、王族、庶民、隷民という四つの階級がある。それらの階級のうちでは、バラモンこそが最上の階級である。このことはヴェーダ聖典の聖句にしたがっており、古伝書によっても述べられている。この点に関して、問題とされるべきことがある。そもそもバラモンとは何か？霊魂であるのか？　身体であるのか？　生まれであるのか？　知識であるのか？　業《ごう》であるのか？　遵法者であるのか？

すなわちバラモン、王族（クシャトリヤ）、庶民（ヴァイシャ）、隷民（シュードラ）という四つの階級があって、しかもそのうちバラモンが最上の階級であるということが、ヴェーダ聖典によっても、古伝書によっても支持されているのです。ではそのバラモンというのは一体何か、という問題が提起されます。この問題に対して、霊魂、身体、生まれ、知識、業、遵法者という、想定される六つの解答を挙げております。

以下の第三詩節から第八詩節までの六つの節において、霊魂、身体など六つの想定される解答を一つずつ取り上げ、その一つ一つについてバラモンであることを否定し、その理由を述べております。

三　それらのうちで、最初の「霊魂」がバラモンである、というならば、それは正しくない。なぜなら、霊魂は、過去と未来の幾多の身体を通じて、同一の本質をもっているからである。霊魂は一つであるとしても、霊魂は、業の力によって、沢山の身体を生み出すからである。またすべての身体を通じて、霊魂は同一の本質をもっているからである。それゆえに霊魂がバラモンなのではない。

四　それでは「身体」がバラモンである、というならば、それは正しくない。なぜなら、下はチャーンダーラなどにいたるまでの人間は、身体が〔地・水・火・風・虚空という〕五元素からなるものとして、その本質を同じくするものであるから。老・死、法・非法などが共通に見られるから。バラモンの肌の色は白、クシャトリヤの肌の色は赤、ヴァイシャの肌の色は黄色、シュードラの肌の色は黒、という定めはないから。子供などがその父などの身体を焼くときには、子供などに、バラモン殺しなどの罪が生ずることになるから。それゆえに身体がバラモンなのではない。

五　それでは「生まれ」がバラモンである、というならば、それは正しくない。なぜなら、その場合に、生まれを異にする人々の間において、多くの生まれにもとづく大仙人が沢山いるから。〔例えば〕一角仙人は牝鹿から生まれ、カウシカ仙はクシャ草（吉祥草）から生まれ、ジャーンブーカ仙は豺から生まれ、ヴァールミーキ仙は蟻塚から生まれ、ヴィヤーサ仙は漁師の娘から生まれ、ガウタマ仙は兎の背から生まれ、ヴァシシュタ仙はウルヴァシー天女から生まれ、アガスティヤ仙は水瓶から生まれた、と古伝書にあるからである。これらの仙人たちには、最初に〔バラモンとしての〕生まれがなくても、知識によって〔バラモン性が〕与えられた沢山の仙人があるのである。それゆえに生まれがバラモンなのではない。

六　それでは「知識」がバラモンである、というならば、それは正しくない。なぜなら、クシャトリヤなどでも、最高の真理に通達している知者が沢山あるから。それゆえに知識がバラモンなのではない。

七　それでは「業」がバラモンである、というならば、それは正しくない。なぜなら、一切生類にとって、すでに開始され、すでに蓄積され、未来に現れる業が共通であるのが見られるのであるから、人々は〔宿〕業に促されて、行為をなすのである。それゆえに業がバラモンなのではない。

八　それでは「遵法者」がバラモンである、というならば、それは正しくない。なぜなら、王族などでも黄金を施与するものは沢山いるからである。それゆえに遵法者がバラモンなのではない。

「バラモンとは何か」という問題に対して想定される六つの解答すべてを否定し終わって、次の最後の第九詩節で、このウパニシャッドの作者の結論を述べています。

九　それではバラモンとは何か？　もしもある人が、自己（アートマン）を不二にして、生まれ・性質・動作を欠き、六つの苦悩と六つの情緒などの一切の欠点を離れ、本性上、真実・認識・歓喜・無限であり、みずから無分別にして、一切の決まりのよりどころであり、一切の生類の内制者として存在していて、内外ともに虚空のごとくに貫通し、まったき歓喜を本性として、無量であり、直観のみによって知られ、直接的に知られるものとして顕現しつつあり、掌中のアーマラカの実のように、直接的にはっきりと知って、目的を達成したものとして、愛欲・貪欲などの欠点を離れ、寂静《じゃくじょう》・抑制など〔の美徳〕をそなえ、情熱・嫉妬・愛執・希望・迷妄などを離れ、心が偽り・自我意識などに触れられることがないような人、ここに述べたような特質をもった人こそがバラモンなのである――これが天啓聖典・古伝書・プラーナ・イティハーサ（史詩）の趣旨である。なぜなら、そうでなければ、バラモン性が成立することはないからである。自分自身（アートマン）を有・知・歓喜であり、不二であるブラフマンであると念じて修行すべきである。自分自身を有・知・歓喜であり、不二であるブラフマンであると念じて修行すべきである。以上がウパニシャッド（秘義）である。

真のバラモンとは何か

ここでは真のバラモンのたくさんの特質が挙げられています。今ここで詳しく一々の特質を検討することは避けたいと思いますが、しかし結局は「自分自身を有・知・歓喜であり、不二であるブラフマンであると念じて修行すべきである」とあり、アートマンはブラフマンであるというウパニシャッドの真理を達観した者が——あるいはその実現に向けて努力している者も含まれるのでしょうか——真のバラモンであると述べているように思います。これは正しくヴェーダーンタ哲学、とくに真実の自己アートマンは宇宙の根本原理ブラフマンであるとする不二一元論《ふにいちげんろん》の立場からの主張です。

この『ヴァジュラ・スーチー・ウパニシャッド』と仏教徒の『金剛針論』とを比較してみますと、両テキストとも鋭い批判的精神をもってバラモン階級、ひいては生まれを基礎とするカースト制度を批判している点で共通しています。注目すべき相違点を挙げるとすれば、仏教徒の『金剛針論』が仏教徒としての立場から倫理的存在としての人間を論じているのに対して、このウパニシャッドは、先ほど述べたようにヴェーダーンタ哲学、とくに真実の自己アートマンは宇宙の根本原理ブラフマンであるとする不二一元論の立場から真のバラモンを考えている点です（両テキストの詳細な比較は、中村元『ウパニシャッドの思想』六四四〜六六三頁を参照）。

仏教徒は、本来人間の平等性を主張し、カースト制度を承認しなかったのですが、カースト制度を堅持しようとするバラモン教の中にも、このような批判的合理的精神が息づいていたことは、この『ヴァジュラ・スーチー・ウパニシャッド』の存在で明らかです。しかし仏教徒の場合にも、バラモン教徒の場合にも、どうしてこのような批判的合理的精神が社会改革運動として発展することがなかったのでしょうか。中村元博士は、その理由を、このような批判的合理的精神が出世間的・超世俗的な方向において徹底している点に見出しておられます（中村元『ウパニシャッドの思想』六六一頁）。これは正しく的を射た見解であると思います。インドの精神史は、現実の社会を輪廻《りんね》の世界であると見なし、それからの自由を、すなわち解脱《げだつ》を、人生の最高の目的として真剣に追究してきたのでした。社会の改革ではなくて、個人個人の自己の改革に取り組んできたのでした。

宗教・社会改革者ナーラーヤナ・グル

しかし近代になると、その精神史の流れを変え、ヴェーダーンタ哲学をその社会・宗教改革の理論的基盤とした思想家、宗教・社会改革者が登場いたします。その紹介をして、本書を締めくくりたいと思います。

その流れを変えたのは、ナーラーヤナ・グル（Nārāyaṇa Guru 一八五四〜一九二八）でした。かれは、一八五四年、南インド・ケーララ州の州都ティルヴァナンタプラム（トリヴァンドラム）の北東、およそ一六キロの所にあるチェンバランディ村に生まれました。農民マーダン・アーシャンを父とし、クッティを母とし、四人の子供の中で唯一の男の子でした。ナーラーヤナ・グルの生まれたチェンバランディ村も、シャンカラが生まれたとされるカーラディも、ともにケーララ州にあります。

ナーラーヤナ・グルの生まれた時代のインドは、イギリスの支配下にあって、ヒンドゥー教は、西洋の宗教・文化との直接的な接触を契機として大きく変貌を遂げつつありました。この時代を宗教改革の時代と呼ぶ学者もありますし、あるいはルネサンスと呼ぶ学者もありますし、またネオ・ヒンドゥーイムズと呼ぶ学者もおります。いずれの名称を用いるとしても、三〇〇〇年にわたるヒンドゥー教の歴史の中でも一時期を画する重要な時代でした。

ナーラーヤナ・グルは、不可触民イーラワー（ティッヤ）・カーストに属しておりました。二八歳のとき結婚しましたが、間もなく妻と別れ、一八八四年に真理を求めて出家しました。やがて一八八八年、三四歳のとき、大きな転機を体験しました。

かれは、今までのヒンドゥー教徒のように、自分だけの解脱を求めることは無意味であると考えて、下層の人々の宗教的・社会的救済に乗り出しました。その活動の最初の成果は、ティルヴァンタプラムから二四キロ南に位置するアルヴィプラムにおけるシヴァ寺院の建立でした。当時不可触民がヒンドゥー寺院へ接近することすらも禁じられており、ましてや高い位の神を崇拝することはできなかったのですから、かれの寺院建立は、このような伝統主義的な正統派の考え方に対する改革であり、バラモンたちの目には神と社会に対する反乱と映じたのでした。さらに、かれはそのアルヴィプラムの寺院の近くに僧院を建立しました。これは後、一九〇三年、シュリー・ナーラーヤナ法普及協会（略称SNDP Yogam）に発展しました。

一九〇四年には、かれはティルヴァンタプラムの北三二キロの地点にあるヴァルカラにシヴァギリ僧院を建立しました。かれはこのシヴァギリをこよなく愛し、死に至るまでの二〇余年の大半をこの地で過ごしたといわれています。一九二二年には、アジアで最初にノーベル文学賞を受賞したタゴールが、一九二五年には、インド独立の父マハートマ・ガーンディーが、ナーラーヤナ・グルを訪問して強い印象を受けたのもこの僧院においてでした。

かれは六〇以上の寺院をインド各地に建立し、それと関連して種々の改革を断行、また旧習の廃止、飲酒の禁止、カースト制度に対する批判運動の展開など、多くの偉大な足跡を残して、七四歳で没しました。かれの遺体は、現在、シヴァギリの美しい頂上にあるマハー・サマーディ・マンディルに安置されています。

ナーラーヤナ・グルが、その生涯をかけて強調し、人々に訴え続けた思想は、「人類には、一つのカースト（類）、一つの宗教、一つの神」というスローガンの中に凝縮されております。まず、第一のスローガン「一つのカースト」について検討してみたいと思います。この意味をよりよく理解するためには、ナーラーヤナ・グルが生まれ、育ち、活躍した当時の社会的・宗教的状況を理解する必要があります。

一九世紀、ケーララ地方のヒンドゥー社会においては、カースト制度が他の地域では見られないほどに苛酷で、カーストとしてはバラモン、ナーヤル、イーラワー、プラヤ、パラヤという五つが主要なものでした。このうちバラモンが最上位ですが、その中でも最高位は、シャンカラを産んだとされるナンブーディリ・バラモンで、人口はきわめて少ないのですが、ヒンドゥー教の指導者として、また上級土地権者（ジェンミ）として、社会的にも、経済的にも高い地位を占めていました。次のナーヤルは、階級としては第四番目のシュードラ（奴婢階級）ではありますが、第二番目のクシャトリヤ（武士階級）が実質的には欠如しているケーララ地方では、戦時にはクシャトリヤの役割を果たしたり、ナンブーディリの妻問婚の相手となったり、ケーララの人口全体の一五パーセントを占める、優勢なカーストです。

プラヤとパラヤは、ともに不可触民であり、ケーララ地方のヒンドゥー社会の最下層を形成しています。ナーラーヤナ・グルの属するイーラワーは、同じく不可触民ではありますが、プラヤとパラヤよりも上位にあり、諸カースト中、最も多くの人口を占めております。このカーストの伝統的な職業は、ヤシ酒造り、ヤシ樹栽培ですが、多くは零細な小作人、農業労働者、雑役夫などです。なかには、ナーラーヤナ・グルの父のように、サンスクリット語に通じた知識人や比較的豊かな農民もいましたが、ほんの一部にすぎませんでした。

一九世紀のケーララのヒンドゥー社会は、他の地域では見られないほどに、カースト制度と不浄の恐れによってがんじがらめになっておりました。ナーラーヤナ・グルが宗教指導者・教師・社会改革者として出現したのは、多くのイーラワー・カーストの人々が変革を願っていた、まさにその時期であったのです。先に紹介した、ナーラーヤナ・グルの第一のスローガン「一つのカースト」は、イーラワーとして生まれたナーラーヤナ・グルの、そのイーラワー全体の、血を吐く思いが込められているまことに重い一言であったと思います。

ナーラーヤナ・グルの宗教・社会改革運動の展開

ナーラーヤナ・グルの宗教・社会改革運動の記念すべき最初の金字塔は、先に言及したように、一八八八年、三四歳のとき、かれが州都ティルヴァンタプラムから二四キロ南に位置するアルヴィプラムに建設した一字のシヴァ寺院です。かれはその寺院の壁に、

カーストの差別なく、宗教上の憎しみもなく、
万人が、心から兄弟のように、
ここに、この理想的な場所に住む。

と書きつけております。

一九二五年、マハートマ・ガーンディーが、ナーラーヤナ・グルの宗教・社会改革運動の拠点となった、ティルヴァンタプラムから三二キロ北に位置するヴァルカラのシヴァギリを訪れ、ナーラーヤナ・グルと会談しました。そのときの両者の対話が残されています。それによりますと、ガーンディーは、この折りに、ヒンドゥー教における不可触性を中心に、カーストの問題に関するナーラーヤナ・グルの意見を訊ねています。

ガーンディーは、人間の間に異なったカーストがあるのは人間の本質によるのではないかと、ナーラーヤナ・グルに訊ね、同じ木にあるすべての葉が似ているわけではなく、本性上大きい葉もあり、小さい葉もある、という実例を挙げました。

そこでナーラーヤナ・グルは、その相違はほんの表面的なものであり、すべての葉の汁の性質は類似している、と同様に、人間は異なった種類に属するかのように見えるかもしれないが、基本的には、同じ本質の現れであると説明しました。ガーンディーは、その議論はもっともである、といったと伝えられています。

ガーンディーはカーストを批判してはいるものの、もっぱらその不可触性を否認するところに関心があったのであって、古来からヒンドゥー教の法典に定められた四姓制度法と生活期法を理想的なものと見なし、四姓制度に固執したのでした。

「人類には一つのカースト、一つの宗教、一つの神」

さて、ナーラーヤナ・グルは、その『カースト考』(Jāti-Mīmāṃsā 1-4. Nataraja Guru, The Word of the Guru. PAICO Publishing Huse. 1968. p.273) において、次のようにカーストを批判しています。

一　人間にとって、人類がそのカースト〔ジャーティ〕である。
ちょうど牛にとって、牛類が〔そのカーストである〕ように。
バラモンなどは、人間にとって、それと同じように〔カーストである訳〕ではない。
ああ、誰も〔この〕真理を知らない。

この第一詩節で、ナーラーヤナ・グルは、「ジャーティ」というサンスクリット語の二重の意味、すなわち「カースト」と「類」を使って、牛には牛類というただ一つの類があるのみであるように、人間にも人類というただ一つの類があるのみであるという、経験的・生物学的な真理にもとづいて、いわゆるカーストはなんらの理論的根拠をもたないということを証明しようとしています。バラモン、クシャトリヤなどといったカーストの差別は、単に表面的・外的な要素であって、別の類を構成するほどの基本的な生物学的重要性をもたない、というのです。第二～四詩節は次の通りです。

二　一つのカースト、一つの宗教、一つの神、同じ血と形をもつ人間には、何の差別もない。

この第二詩節は、ナーラーヤナ・グルの有名なスローガンで始まっており、人類の等質性と平等性を強調しています。

三　同じカーストに属する動物のみが繁殖する。
　このように見れば、すべての人間は一つのカーストに属する。

この第三詩節は、生物学上の法則を適用して、あらゆる人間の同一性を証明しようとしています。

四　バラモンとして生まれても、不可触民として生まれても、同じく人類に属する。
　そうであれば、人間と人間のあいだで、カーストについての差別がどこにあろうか。

この第四詩節は前の詩節を敷衍しているように思います。

この『カースト考』から明らかなように、ナーラーヤナ・グルの「人類には、一つのカースト」というスローガンの意味するところは、人類という類はただ一つあるのみであって、いかなる方法によってもそれをバラモン・クシャトリヤなどのように分割することはできないということです。人類には、いかなる差別も――社会的な差別も、宗教的な差別も――成立しない。家系とか家柄とか血縁とかにもとづいているいかなる差別も、虚偽なのです。ナーラーヤナ・グルは、人類を差別する原理であり、不平等と階級差別の基盤となっているカースト制度を批判しつつ、通例カーストを意味する「ジャーティ」という語を、巧みに「類」と解し、その古く権威あるジャーティという観念を、新たに解釈しなおすことによって、ジャーティを人類の連帯と平等の原理に転換したのです。

カーストは神聖な制度であるとか、変えることのできない古来の習慣の一つであるという、マハートマ・ガーンディーなどのナーラーヤナ・グルの同時代の有力な改革者たちが抱いていた信仰に批判的でした。また、かれはカーストが不健全な競争を防止するというカースト擁護論を排撃し、カースト制度は適性によって職業を選択することを不可能にすると主張し、利己的な理由で差別づけるカーストの支持者たちを批判しました。

ナーラーヤナ・グルとシャンカラ

ナーラーヤナ・グルとは自分の信奉者たちに、「シャンカラの直接の後継者」と目されていたばかりではなく、かれ自身が自分の弟子たちに「われわれが言わなければならないことは、まさしくシャンカラが言ったことである」といったと報告されています。事実ナーラーヤナ・グルは、こともあろうに、バラモンの精神的支柱ともいうべきシャンカラの不二一元論に理論的根拠を求めたのでした。シャンカラはカーストを、家系、生活期、浄化式などと同様に、人間の本体アートマンにはなんら関係がないものと見なしています。かれは、その不二一元論の立場から、アートマンは、カースト・家系・浄化式などの差別とはまったく関係がなく、それらは単に身体に属するものであることを十分に知っており、また知っているばかりではなく、入門してくる選ばれたバラモンの息子である弟子に、まず真っ先に、そのような身体とアートマンの同一視は無明に由来することを徹底的に教え込もうとしているのです。ナーラーヤナ・グルが、自分の弟子たちに「われわれが言わなければならないことは、まさしくシャンカラが言ったことである」といったのは、このようなシャンカラの本来の哲学的立場を念頭に置いていたのでしょう。

シャンカラの不二一元論の立場はまさしく、ナーラーヤナ・グルの主張するところと一致してはいます。しかし実際の日常生活の立場においては、シャンカラは、かなり厳格に階級差別に固執しました。著しく仏教化したヴェーダーンタ哲学の伝統を、本来の正統バラモンのヴェーダーンタ哲学へ大きく転回させようと努力したシャンカラが、ヴェーダを根拠とする法典に定められた四姓制度・生活期制度に固執したのも、当時の社会的・歴史的状況から見れば当然でしたし、また過去の思想家・宗教家と同様に、かれの主たる関心は、社会・宗教改革にあったのではなく、自己改革による解脱を人生の究極の目的としていたからでした。

シャンカラは自分の教説を都市の住民に説こうとはしませんでした。都市においては、衰えたとはいえ仏教の勢力はまだ強いものがあり、また、商工業者の間では、ジャイナ教が支配的でした。一般庶民の間には、通俗的なヒンドゥー教が信奉されていました。都市にはまた快楽主義者が横行していました。シャンカラは主として、かつてのヤージュニャヴァルキヤのように世を捨てた出家遊行者の間に、選ばれた出家遊行者にのみ、自分の不二一元論を教示したように思われます。シャンカラは、閉ざされた社会の中で、「一つのカースト」ではなく、「一つのブラフマン」を唱導したのです。しかしじつは、「一つのブラフマン」の教えは、社会的には「一つのカースト」へ、宗教的には「一つの宗教」への道を開くものであったのです。シャンカラはまだそのことに気づいていませんでした。

シャンカラの「一つのブラフマン」の教えを、開かれた社会の中で「一つの神（ダイヴァム）」と翻訳してバラモン色を払拭し、さらにそれを「一つのカースト」「一つの宗教」へと展開し、かつそれを実践に移したのはナーラーヤナ・グルでした。これこそがインド思想史上におけるナーラーヤナ・グルの不滅の功績です。シャンカラからナーラーヤナ・グルまでに、じつにおよそ一〇〇〇年の歳月が必要であったことは驚くべきことです。

かつてナーラーヤナ・グルは、かれの弟子たちに申しました。

> 貴方たちの中には、私がまだ、このカーストに属しているとか、あの宗教を信奉しているとか、考えている人もありましょう。私がそのような差別観を捨ててから、もう何年にもなります。私はまた、私のアーシュラムに入団する人々にはこのような限定をもたせないように配慮いたしました。

一切の差別は無明の所産

カースト、宗教、宗派、あるいは神に関する一切の差別は実在するかのように見えます。しかしシャンカラの、そしてナーラーヤナ・グルの不二一元論の立場からすれば、それらはすべて虚偽であり、実在しないのです。それらはすべて、各自の無明《むみょう》のために、唯一の絶対者に附託されたもの、すなわち実際に存在しないのに誤って実在するかのように想定されたものにすぎません。ナーラーヤナ・グルは、かれの不二一元論の理論をもとめた主著『洞察の花環』（Darśanamālā 3.10）の中で明言しています。

唯一者のみが実在し、第二のものは実在しない。けだし実在しないものが実在するもののように見える。シヴァ神のリンガは石にすぎない。石工によって作られた第二のものではない。

(Darśanamālā of Sri Narayana Guru. tr. by R. Karunakaran. Sri Narayana Dharma Sangham, 1983, p.61)

ナーラーヤナ・グルは、その著作『ブラフマンの知識の五詩節』（Brahmavidyā-pañcakam）の冒頭の第一詩節で、「先生、私は一体何者でしょうか。この世界は一体どこから来たのでしょうか。お答えください」と師に訊ねるべきであるとし、師は第二詩節で次のように答えています。

君は実にブラフマンである。感覚器官でも、意、統覚機官でも、こころでも、身体でもない。生気も、自我意識も、その他のものも非有であり、自己のアートマンに無明によって附託されたものである。

(Nataraja Guru, The Word of the Guru. PAICO Publishing Huse, 1968, pp.373-374)

カースト、血統、民族、宗教、宗派などに関する一切の差別は、現実に厳然と実在するかのように見えます。しかしシャンカラの不二一元論の立場からすれば、それらはすべて虚偽であり、実在しません。それらはすべて、人間の無明のために、唯一の絶対者ブラフマンに附託されたものにすぎないのです。

シャンカラの、ナーラーヤナ・グルの不二一元論の立場からすれば、われわれが究極の真理に到達できるとするならば、それは、人間と人間、宗教と宗教、神と神の間に区別をつけることによってではなくて、実在と非実在、真理と虚偽、すなわちアートマンと非アートマンとを明確に区別し、識別することによってのみ可能です。

『リグ・ヴェーダ』以来の、三〇〇〇年以上の歴史と伝統の中から生まれたシャンカラとナーラーヤナ・グルの不二一元論は、世界の平和と多民族の共生を基礎づける哲学として、今日的な意味をもっているといえると思います。これこそ、ヒンドゥー教が、宗教や民族の差別に病んでいる現代の世界に送るメッセージの一つであろうと思います。

付章❖インド哲学とその流れ

インド人と時間

インド哲学史を扱う上で、まず問題にしなければならないのは、インドの人々の時間の観念です。人間の時間意識は、自然の周期現象を出発点としていることは、容易に推測されます。もしそうだとすれば、時間もまた、自然現象と同じように、周期的・回帰的なものとして捉えられるのが自然であるように思います。インドでは、ギリシャ、ゲルマンなどの古代文化圏におけるように、時間は輪廻的に把握されています。

ヒンドゥー教は、キリスト教やイスラム教と同様に、神による宇宙の創造と終末を説いています。しかしキリスト教やイスラム教においては、神による宇宙の創造と終末は一回限りですが、ヒンドゥー教においては、始めも終わりもない無限の時間の中で、宇宙は、創造と存続と破壊（帰滅）を周期的に繰り返すものと理解されています。その周期は、通例、世界の創造主であるブラフマー（梵天）の一日に相当する一劫《いっこう》であるとされ、一劫は神の一二〇〇万年、人間の四三億二〇〇〇万年に相当する時間の長さの単位です。一劫ごとに、創造と存続と破壊を繰り返すというのです。

すなわち、ブラフマーの夜明けとともに宇宙が創造され、一劫が経過して、日没になるとともに宇宙は破壊されて、ブラフマーに帰滅し、一劫が経過して、夜明けとなると、再び宇宙は創造されるのです。これが無限に繰り返されるのです。周知のように、ユダヤ・キリスト教では、時間は始点と終点とをそなえた一回性の直線的な構想をもっており、インドの考え方とは大きな隔たりがあります。

余談になりますが、「劫」というのは日本語でも中国語でもなく、じつはインドの古典語であるサンスクリット語「カルパ」(kalpa) に由来しております。中国人はカルパを「劫波《こうは》」と発音を写した、すなわち音写したのです。「劫波」から「波」が省略されて、「劫」だけが残ったのがいわゆる「劫」なのです。億劫と書いて「オッコウ」ではなく通常は「オックウ」と読んでおりますが、一劫だけでも無限に近い長い時間であるのに、一億劫ともなれば呆然とするほどの長い時間になるわけで、『広辞苑』には「(オッコウの転。時間が長くかかってやりきれない意から) 面倒くさくて気が進まないこと」と説明してあります。興味深いのは、これが囲碁の術語の一つである「劫」となっていることです。劫立て、劫争いなど、本来サンスクリットであることも気づかないで使っている言葉です。

このような周期的・回帰的な時間意識の支配する環境においては、人間も死んで無に帰するのではなく、無限に生死を繰り返し、現在の人生も、無限の過去から永遠の未来にわたって、未来永劫に繰り返される生存の一こまにすぎないと受け取られます。したがって一回限りの生存という意識は生まれがたく、現実の歴史的事件・事項に対する関心はいきおい希薄なものになりがちです。このことから、インド的思惟は、非歴史的であり、インドにおいては、年代を正確に記した資料が得がたいのが現実です。

インド哲学の歴史的展開を叙述するためには、正確な年代が必要となります。しかし前述のように、年代を正確に記した資料に乏しく、時代区分もまだ確定していません。以下では一応その展開を、古代（前一二〇〇～後六〇〇）、中世（六〇〇～一八〇〇）、近・現代（一八〇〇～）に区分し、さらに古代を第一期（前一二〇〇～後一二〇）と第二期（一二〇～六〇〇）に、中世を第一期（六〇〇～一二〇〇）と第二期（一二〇〇～一八〇〇）に分けて、概観することにしたいと思います。

古代第一期――哲学的思惟の形成の時代

この時代の思惟は神話的要素を多分にもち、まだ体系を形成するに至っておりません。しかしきわめて活発であるばかりでなく、後代に展開してくるインド哲学の源泉となっています。その意味で哲学的思惟の形成の時代ということができると思います。

インド思想は、前一二〇〇年ころを中心に編纂された『リグ・ヴェーダ』によって幕を開きます。その後前五〇〇年ころまでにヴェーダ聖典が次々に編纂されました。バラモンという司祭階級を中心にして、これらのヴェーダ聖典にもとづいて発達した宗教をバラモン教といっています。バラモン教は、キリスト教などとは異なって、多くの神々を崇拝する多神教です。しかしそのバラモン教の中に、やがて神々をも超越した唯一の最高神あるいは根本原理を探究する一神教的、あるいは一元論的な思想の萌芽が現れました。

全ヴェーダ聖典の趣旨を述べているとされる、哲学的な聖典ウパニシャッドの時代になりますと、祭式や最高神への関心は薄れて、宇宙の根本原因として非人格的な一元的原理を探究するようになりました。その結果到達された最も重要なものは、宇宙の根本原理であるブラフマン（梵《ぼん》）と個人存在の本体であるアートマン（我《が》）とです。ウパニシャッドの中心的教義は、この両原理がまったく同一であるとする梵我一如説であるといわれています。後代のインド哲学の主要な性格を決定する業《ごう》・輪《りん》廻《ね》・解脱《げだつ》の思想もウパニシャッドにおいて明確化されました。

本書で扱ったのは、およそこのウパニシャッドまでですが、その後のインド哲学史の展開をも視野に入れておいたほうが、よりよくインド哲学を理解できるのではないかと思いますので、できる限り簡潔に述べてみたいと思います。

バラモン教で、重要なウパニシャッドが編纂されつつあった紀元前六〜五世紀ころ、インドはきわめて大きな政治的・社会的変動の時期を経験しました。バラモンの宗教と文化を支えていた氏族制農村社会が崩壊していき、商工業の発達とともに、多数の小都市が成立し、さらに、これら小都市を中心に群小国家が多数併存し、やがてそれらは次第に国王の統治する大国に併呑されていくことになりました。そのために、王権は著しく伸びたのに反し、バラモン階級は従来もっていた威信を失うことになりました。また都市では貨幣経済の進展とともに、商工業者が都市内の経済的実権を握り、旧来の階級制度はくずれ、また生活が物質的に豊かになるにつれて、ややもすれば道徳もすたれる傾向が顕著になるに至りました。

このような状況の中で、反ヴェーダ的・反バラモン的な気運が高まってまいりました。そして旧来のバラモン教に満足せず、バラモンの目には異端と映った、沙門《しゃもん》と呼ばれる自由思想家たちが多数現れました。かれらはヴェーダの権威を認めず、出家し、一カ所に定住することなく、遊行しながら森林において修行し、村や町に行って教えを説くとともに、布施された食物によって生活していました。

このような自由思想家たちの中でも注目すべきは、マハーヴィーラとゴータマ・ブッダで、マハーヴィーラはジャイナ教を、ゴータマ・ブッダは仏教を創始し、ジャイナ教は今日に至るまで、仏教は一三世紀に至るまで、インド思想に大きな影響を与え続けました。

紀元前四世紀になると、マウリヤ王朝が全インドを統一、仏教が名君アショーカ王（阿育《あいく》王　紀元前二六八～二三二在位）の帰依を受け、仏教はインド全体に広がり、さらに南アジア諸国や東南アジア諸国にも伝播しました。ゴータマ・ブッダ没後一〇〇年ころ、アショーカ王の時代に仏教教団は保守的な上座部《じょうざぶ》と進歩的な大衆部《だいしゅぶ》の二派に分裂し、その後も分裂を重ね多くの部派が成立しました。これらの部派が分立した時代の仏教は総称して部派仏教といわれています。

他方、紀元前三～二世紀ころ、一般民衆の間ではバラモン教が土着の民間信仰などと融合して徐々にヒンドゥー教が形成されて、膨大な量のヒンドゥー教の聖典が編纂されました。このようなヒンドゥー教の形成と呼応するかのように、仏教でも前一世紀ころから大乗仏教運動が起こりました。大乗仏教徒は、旧来の伝統的な部派仏教を小乗仏教と蔑称し、般若経典《はんにゃきょうてん》や『法華経《ほけきょう》』や浄土経典など、日本の仏教に大きな影響を与えてきた膨大な大乗経典を編纂しました。全般的に見て、第一期には、哲学的思索は活発でしたが、まだ体系を形成するには至りませんでした。

古代第二期──哲学体系の確立と展開時代

およそ紀元一二〇年から六〇〇年に至る四八〇年間、歴史的に見ますと、クシャーナ王朝（六〇〜二〇〇ころ）からグプタ王朝（三二〇〜五五〇）にかけて、とくにグプタ王朝の時代に主要な哲学学派の確立と展開が見られる時代です。ヒンドゥー教を国教とするグプタ王朝において、仏教はなお発展を続けたものの相対的にその勢力は低下し、それに代わってヒンドゥー教が勢力を伸長する時代でした。

この時期は仏教の内部──すなわち部派仏教においても、大乗仏教においても──においてのみならず、ヒンドゥー教の側においても主要な哲学諸体系が確立し、さらに発展・展開する時代です。この時代に確立した諸体系のうち、ヴェーダ聖典の権威を認めない唯物論・仏教・ジャイナ教は非正統派とされ、その権威を認めるサーンキヤ学派・ヨーガ学派・ニヤーヤ学派・ヴァイシェーシカ学派・ミーマーンサー学派・ヴェーダーンタ学派──総称して六派哲学といわれます──などヒンドゥー教系統の諸体系は正統派と見なされています。これらの中、ジャイナ教とヴェーダーンタ学派とは今日もなお勢力を保ち、とくに後者は今日もなおインド思想の主流を形成しています。この時代の哲学体系は、ウパニシャッドの流れを受けて、人格神の存在を前提としない、いわば無神論的あるいは超神論的ともいうべき性格を共通にもっています。

中世第一期――中世的宗教思想の発達時代

この時期（六〇〇～一二〇〇）には、古代に成立した諸体系とは対照的に、人格神に対する熱烈な信仰バクティ（信愛）を強調する有神論的な中世的宗教思想が発達します。

この時代には、仏教とジャイナ教が、その基盤となっていた商業資本の没落とともに衰退を続け、農村に基盤を置くヒンドゥー教が著しく伸長しました。古代に確立した諸体系には大きな飛躍はありません。しかし注目すべきは諸学派、とくにニヤーヤ学派と仏教によって論理学がさらに精密化されたことと、ウパニシャッドの解釈学として発達したヴェーダーンタ学派のシャンカラ（七〇〇ころ～七五〇ころ）が活躍して、将来インド思想界の主流となっていく基盤を固めたことです。

この時代を特徴づけているのは、ヒンドゥー教の諸宗派と密着した哲学学派ないし宗派の興起と隆盛です。さらに現世を肯定し、女性原理シャクティ[1]などを特徴とするタントリズム（密教）の成立もこの時代です。仏教は八世紀以降タントリズム化の傾向を強め、独自性を失い、ついに一二〇三年イスラム勢力によって消滅することになります。

中世第二期――イスラム教の浸透と思想の変容の時代

イスラム教のインド侵入は八世紀ころまで遡ることができますが、はじめはインドの思想・文化にほとんど顕著な影響を与えるものではありませんでした。しかし一一世紀以降は次第に大きな影響を与えはじめ、一二〇六年にインドに初めてイスラム王朝（奴隷王朝　一二〇六～一二九〇）がデリーに成立した以後になると異質の思想・文化がヒンドゥーの伝統の中に徐々に融け込み、イスラム教の浸透と思想の変容の時代（一二〇〇〜一八〇〇）を迎えました。

この時代の伝統的諸学派においては、一二世紀にラーマーヌジャが、一三世紀にはマドヴァなどが、ヴィシュヌ教をヴェーダーンタ哲学によって基礎づけ、ヒンドゥー教を理論的に強化しました。一五〜一六世紀になると、イスラム教とヒンドゥー教の融合の傾向が顕著となり、ヒンドゥー教徒の間に、時流に即した新しい宗教思想運動が起こり、近代的思惟の萌芽を示すものもありました。ヴァッラバは現実世界を肯定し、ヒンドゥー教を世俗化しました。ラーマーナンダは男女の平等を唱え、カーストを批判し、その弟子でイスラム教の影響を受けたカビールもカーストの打破を叫び、ヒンドゥー教徒の偶像崇拝を攻撃しました。かれの影響下でナーナクは、ヒンドゥー教徒でもイスラム教徒でもない立場に立ってシク教[2]を創始しました。アクバルが即位した一六世紀後半ごろから顕著となったイスラム教とヒンドゥー教の融合の動きはダーラー・シコーにおいて頂点に達しましたが、かれの非業の最期とともに、ムガル王室の折衷融合主義的傾向は急速に衰退してしまいました。

近・現代——西洋文明との接触と思想の変革時代

一八五八年、インドはイギリスの直轄植民地となり、キリスト教の伝播や英語教育の普及などによって、インドは西洋文明との接触と思想の変革時代を迎えました。一九世紀に新設された諸大学では、西洋の思想、とくにイギリスにおける経験主義的、博愛主義的、不可知論的諸哲学を紹介しました。これは世俗的・合理的な考え方をするのに役立ち、社会的・宗教的諸運動を刺激しました。

一八二八年、ラーム・モーハン・ローイが設立したブラフマ協会が、ヒンドゥー教の近代化と宗教改革運動の先駆となり、ダヤーナンダ・サラスヴァティーのアーリヤ協会などが後に続きました。不可触民からの宗教・社会改革運動としては、南インドのナーラーヤナ・グルのシュリー・ナーラーヤナ法普及協会の動きも活発でした。また外来の神智協会[3]の活躍も看過し得ないものがありました。他方、ラーマクリシュナとラマナ・マハルシは、近代化・西洋化の風潮の中にありながらも、ひたすらヒンドゥー教の伝統を自ら体現し、偉大な聖者として、インドの人々のみならず、C・G・ユングやサマセット・モームなどの外国人にも大きな影響を与えました。

一八七〇年代ころからは、ナショナリズムの高揚を背景に、西洋的教育を受けて、西洋の宗教・倫理・社会・政治的価値をヒンドゥー教に同化させたネオ＝ヒンドゥーとも呼ぶべき人々が活躍しました。なかでも、ラーマクリシュナの弟子で、ラーマクリシュナ・ミッションを設立したヴィヴェーカーナンダ、近代インド最大の哲学者オーロビンド・ゴーシュ、インド独立の父ガーンディー、思想家としてよりも詩人として高名なタゴール、東西の比較哲学への機運を促したラーダークリシュナンなどが指導的役割を演じました。イスラム教では、イクバール[4]が、当時進むべき道を失っていたムスリム知識階級に、やがてパキスタン建国の運動を起こさせる道を開きました。

(1)シャクティ　宇宙のみならず個体に生命あらしめる原動力で、神の属性とも一様相とも見なされる女性原理。宇宙の力動は女性に本来的で、最高女神から魔女、妖精に至るまで力動性はことごとく女性に帰せられ、人間の束縛も解脱もその中にあるとされている。

（2）シク教　ナーナク（一四六九〜一五三九）を開祖とし、ヒンドゥー教の改革を目指した運動の中で、最も有力な宗派であった。ナーナクは世俗の空しさを強調、万人が奉仕とバクティ（信愛）をもって神に近づくことを説いた。その教説の中心は解脱よりも神、宇宙の創造者である唯一神への崇拝であり、偶像崇拝を攻撃し、儀礼や苦行、カーストを否認した。

（3）神智協会　一八七五年にドイツ系ロシア人のブラヴァツキー夫人とアメリカ人オルコット大佐によってニューヨークに設立、一八八二年、本部がインドのチェンナイに移された。輪廻や業などインド思想の概念を教義としており、後年インド独立運動に参加したベザント夫人が出て、西洋人でありながらインド・ナショナリズムに大きな影響を与えた。

（4）ムハンマド・イクバール　Mohammad Igbal（一八七七〜一九三八）。弁護士の傍ら、ペルシャ語とウルドゥー語で自らの思想を多く詩にして発表、しだいに政治に参加した。イクバールは行動は生であり、無為は死であると行動主義を強く訴え、イスラム教こそ世界のさまざまな病を癒す治療法であると説いた。

インド哲学史年表

インド史の動向

BC
二三〇〇頃〜一八〇〇頃　中心にインダス文明
一五〇〇頃中心にアーリヤ人の進入
一二〇〇頃中心に『リグ・ヴェーダ』編纂
一〇〇〇頃　アーリヤ人がガンガー河流域に進出
五〇〇頃　都市の成立
三二七　アレキサンダー大王のインド侵入

インド哲学史の動向

古代第一期　哲学的思惟の形成時代
（〜一二〇〇AD）

1　ヴェーダの宗教（バラモン教）と思想の成立と展開
2　ウパニシャッドの哲学の成立と展開
3　反ヴェーダ的自由思想の成立と展開
(1)自由思想家（沙門）の輩出
(2)マハーヴィーラのジャイナ教
(3)ゴータマ・ブッダの仏教

三一七　二六八　一八〇
マウリヤ王朝（三一七～一八〇頃）
アショーカ王（～二三二在位）

AD

六〇　一二九　二〇〇
クシャーナ王朝（六〇～二〇〇頃）
カニシカ王（～一五二）

三二〇　四八〇　五四〇
グプタ王朝（三二〇～五五〇）
フン族の侵入

4　ヒンドゥー教の成立（三～二世紀）
5　大乗仏教の成立と大乗経典（一世紀頃）

一二〇
古代第二期　哲学体系の確立と展開の時代
（～六〇〇）
1　仏教の諸体系の成立と展開
2　バラモン系統の諸体系の成立と展開
3　ジャイナ教の体系の成立と展開

六〇六　ハルシャ王（〜六四七在位）
六二九　玄奘インド滞在（〜六四五）
六七一　義浄インド旅行（〜六九五）
八世紀頃　イスラム教徒西北インド侵入
一一世紀頃　イスラム教徒インドの中央部に侵入
一二〇三　ヴィクラマシラー寺焼却
一二〇六　**奴隷王朝の成立**（〜一二九〇）
一三三六　**ヴィジャヤナガル王朝**（〜一六四九）
デリー・サルタナット（一二〇六〜一八五八）
一五二六　**ムガル王朝**（〜一八五八）
一五五六　アクバル統治（〜一六〇五）

六〇〇

中世第一期　中世的宗教思想の発達の時代（〜一二〇〇）
1　諸学派の継続的発展
2　シャンカラ（七〇〇〜七五〇頃）の不二一元論
3　シヴァ教諸派の成立と展開
4　ヴィシュヌ教諸派の成立と展開
5　密教の成立及び仏教の衰退

一二〇〇

中世第二期　イスラム教の浸透と思想変容の時代（〜一八〇〇）
1　仏教の滅亡（一二〇三）
2　外来思想のインド的展開と近代的思惟の萌芽

一六〇〇　イギリス東インド会社設立
一七五七　プラッシーの戦い

一八〇〇

近・現代　西洋文明との接触と思想の変革の時代（〜現在）

1　宗教改革運動
2　神秘思想
3　ナショナリズムとネオ＝ヒンドゥイズム

一八五七　セポイの反乱（〜一八五九）
一八五八　ムガル王朝滅亡、インド、イギリスの直轄植民地に
一八七七　イギリス・インド帝国の成立
一九四七　インド・パキスタン分離独立
一九五〇　インド憲法施行

参考文献

一、日本とインドとの交流
中村元『東西文化の交流（中村元選集第九巻）』春秋社、一九六五
山崎利男・高橋満『日本とインド　交流の歴史』三省堂選書、一九九三
H・P・シャーストリー（前田専學訳）『こころに響く日本　一九一六～一九一八』上・下（武蔵野女子大学人間学会『人間研究』一～二号、一九九六～一九九七）
前田専學監修『インドからの道・日本からの道――「日印交流年」連続講演録』出帆新社、二〇〇八
前田専學「日本とインド――交流のながれ」『東方』二七、公益財団法人中村元東方研究所、二〇一一、一～二四ページ

二、ヴェーダ
（1）邦訳
辻直四郎訳『リグ・ヴェーダ讃歌』岩波文庫、一九七〇
辻直四郎訳『アタルヴァ・ヴェーダ讃歌』岩波文庫、一九七九
後藤敏文訳「神々の原風景」「宇宙を操る祭式」上村勝彦・宮元啓一編『インドの夢・インドの愛』春秋社、一九九四、三～六一ページ

（2）解説と論述
辻直四郎『ヴェーダとウパニシャッド』創元社、一九五三
辻直四郎『インド文明の曙――ヴェーダとウパニシャッド』岩波新書、一九六七
辻直四郎『古代インドの説話』春秋社、一九六七
中村元『ヴェーダの思想（中村元選集決定版第八巻）』春秋社、一九八九
針貝邦生『ヴェーダからウパニシャッドへ（人と思想一六五）』清水書院、二〇〇〇

三、ウパニシャッド
（1）邦訳
高楠順次郎監修『ウパニシャット全書』全九巻、世界文庫刊行会、一九二二～一九二四（再版・東方出版、一九八〇）
岩本裕訳「ウパニシャッド」辻直四郎編『ヴェーダ・アヴェスター（世界古典文学全集三）』筑摩書房、一九六七、一六九～二八一ページ
服部正明訳「ウパニシャッド」長尾雅人編『バラモン教典・原始仏典（世界の名著一）』中央公論社、一九六九、五七～一五一ページ
佐保田鶴治訳『ウパニシャッド』平河出版社、一九七九
宮元啓一訳「流出する世界」「小宇宙としての自己」「輪廻と主宰神」上村勝彦・宮元啓一編『イン

ドの夢・インドの愛』春秋社、一九九四、一五三〜二五二ページ
湯田豊訳『ウパニシャッド――翻訳および解説』大東出版社、二〇〇〇

（2）解説と論述
辻直四郎『ヴェーダとウパニシャッド』創元社、一九五三
辻直四郎『インド文明の曙――ヴェーダとウパニシャッド』岩波新書、一九六七
辻直四郎『ウパニシャッド』講談社学術文庫、一九九〇
松濤誠達『ウパニシャッドの哲人（人類の知的遺産二）』講談社、一九八〇
服部正明『古代インドの神秘思想』講談社現代新書、一九八四
湯田豊『ウパニシャッドの哲学（サーラ叢書二八）』平楽寺書店、一九八九
湯田豊訳『ウパニシャッド　翻訳および解説』大東出版社、二〇〇〇
中村元『ウパニシャッドの思想（中村元選集決定版第九巻）』春秋社、一九九〇
針貝邦生『ヴェーダからウパニシャッドへ（人と思想一六五）』清水書院、二〇〇〇

四、インド思想史
中村元『インド思想史 第2版』岩波全書、一九六七
金倉圓照『インド哲学史』平楽寺書店、一九七二
立川武蔵『はじめてのインド哲学』講談社現代新書、一九九二

早島鏡正・高崎直道・原実・前田專學『インド思想史』東京大学出版会、一九九五（九刷）
前田專學『インド的思考』春秋社、一九九六（三刷）
山下博司『古代インドの思想――自然・文明・宗教』ちくま新書、二〇一四

五、事典
辛島昇・前田專學ほか監修『新訂増補南アジアを知る事典』平凡社、一九九二
橋本泰元・宮本久義・山下博司『ヒンドゥー教の事典』東京堂出版、二〇〇五

あとがき

本書は、インド哲学、あるいはヒンドゥー教思想の源流をたずねたものです。いわばヒマーラヤ山中のガンガー河の源流を探索したようなもので、広大な平原をとうとうと流れるその本流は、本書の扱う範囲の外にありますが、随時言及いたしました。本流にご興味のある読者は、参考文献中のインド思想史関係の書物をご参照いただければ幸甚に思います。

日本では、バラモン教・ヒンドゥー教といえば、仏教とはまったく関係がなく、日本とは無関係であるかのように理解されているのではないかと思います。本書で目指したことの一つは、日本の中にインドがあるということ、換言すれば、日本の宗教・思想・文化の重要なルーツの一つがインドにあるということに気付いていただくことでした。日本語の中にも、サンスクリット語が、日本の神々の中にも、業・輪廻・解脱などの思想の中にも、バラモン教・ヒンドゥー教が、ひそかに息づいているのです。本書が、読者のインド理解のみならず、日本理解の一助ともなれば望外の幸せです。

本書の原本は、筆者が一九九八年一〇月から一九九九年三月まで、NHKラジオ第二放送で行った講義の折りに用意したガイドブックが、後に同じ題名でNHKライブラリーの一冊として出版された『インド哲学へのいざない――ヴェーダとウパニシャッド』です。読者からの強い要望もあって、このたび春秋社から、タイトルをあらため装いも新たに出版されることになりました。深遠なる「インド哲学」のよき手引きともなれば幸いです。

最後に、本書の刊行をご快諾いただいた春秋社の神田明会長、澤畑吉和社長、佐藤清靖編集長、編集部の大成友果氏のご尽力に心からの謝意を表します。

二〇一六年七月吉日

前田専學

本書は二〇〇〇年に日本放送出版協会から刊行された前田専學『インド哲学へのいざない』の改題・新版である。

著者略歴

前田專學（まえだ せんがく）

1931年愛知県生まれ。東京大学文学部印度哲学梵文学科卒業、同大学大学院修士課程修了、米国ペンシルヴァニア大学大学院東洋学科修了（Ph.D.）、文学博士。日本学士院賞、勲三等旭日中綬賞、中国社会科学院名誉研究員、韓国東国大学校感謝牌、スリランカ・ビクシュ大学名誉教授、タイ王国仏教学術功労賞、インド共和国パドマ・シュリー勲章。日本印度学仏教学会理事長、BDK英訳大蔵経編集委員長、第19期日本学術会議会員等を歴任。現在、公益財団法人中村元東方研究所名誉理事長、東京大学名誉教授、武蔵野大学名誉教授、前足利学校庠主、公益財団法人日印協会顧問。著書に、Śaṅkara's Upadeśasāhasrī, Critically ed. with Introduction and Indices（Hokuseido Press & Motilal Banarsidass）, A Thousand Teachings（University of Tokyo Press, State University of New York Press & Motilal Banarsidass）,『ヴェーダーンタの哲学』（平楽寺書店）、『インド思想史』（共著、東京大学出版会）、『インド的思考』『ジャータカ全集３』『ブッダ』（いずれも春秋社）、『ウパデーシャ・サーハスリー』（岩波書店）など。

インド思想入門 ヴェーダとウパニシャッド

2016年 8 月18日　第 1 刷発行
2025年 4 月20日　第 3 刷発行

著者　前田專學
発行者　小林公二
発行所　株式会社春秋社
〒101-0021 東京都千代田区外神田 2-18-6
電話　03-3255-9614（編集）03-3255-9611（営業）
振替　00180-6-24861
https://www.shunjusha.co.jp/
印刷所　信毎書籍印刷株式会社
製本所　ナショナル製本協同組合
装幀　本田進

ISBN 978-4-393-13591-4　C0015
定価はカバー等に表示してあります